ANGERS ANCIEN ET MODERNE

ANGERS ANCIEN ET MODERNE

GUIDE DE L'ÉTRANGER

DANS CETTE VILLE ET SES ENVIRONS

par E. L.

membre de la Société d'Agriculture, Sciences et Arts d'Angers.

ANGERS

IMPRIMERIE DE COSNIER ET LACHÈSE

1853

AVANT-PROPOS.

En 1842, à l'occasion de la dixième session du Congrès scientifique de France, M. C. Schmidt publia une *Notice sur Strasbourg,* spécialement destinée aux étrangers que la solennité savante devait amener dans cette ville. A l'exception de quelques chapitres écrits par lui, l'auteur déclarait n'avoir fait que coordonner les différents matériaux mis à sa disposition par les érudits de la contrée, et il donnait de ceux-ci une longue nomenclature. Sauf la venue prochaine et annoncée d'un Congrès parmi nous, cette histoire est la nôtre. Comme M. Schmidt, nous avons peut-être moins écrit qu'emprunté : comme lui, nous voulons citer ceux dont les travaux ont doté nos chapitres, et nous tracerons en première ligne les noms de Bourdigné, Bodin, Blordier-Langlois, de MM. de Beauregard et Godard-Faultrier.

Le but d'un travail de ce genre n'a pas besoin d'être expliqué. Une des conditions de toute hospitalité complétement exercée, est, on le sait, la visite détaillée du domaine dans lequel est reçu le visiteur. On sait même avec quel scrupule effrayant certains amphytrions s'acquittent de ce devoir. Nous avons pensé qu'au moment où les chemins de fer emportent les habitants de Strasbourg vers leurs voisins du Hâvre, et lancent les Lillois dans cette longue rue de Paris, Tours et Nantes, sur le bord de laquelle nous demeurons, il conviendrait de préparer pour les touristes stationnant un moment parmi nous, quelques explications courtes et simples. Ils y gagneront sans doute, car une ville dont on ne connaît ni l'histoire ni les souvenirs, n'est pour les yeux qu'un assemblage plus ou moins gracieux, plus ou moins pittoresque de toits, de clochers et de murailles. Nous y gagnerons aussi, car, franchement, la partie intérieure de notre antique cité ne brille pas d'un grand éclat; mais, pour quiconque connaît ses monuments, et peut, par la pensée, saluer ses vieilles gloires, Angers, nous le disons avec assurance, est au nombre des villes qui méritent le mieux de provoquer l'examen et de conquérir chez tous un durable et profond souvenir.

Hâtons-nous donc d'écrire : et vous, visiteurs de Paris, hôtes de toutes provinces, hâtez-vous de lire : demain, peut-être, nous aurons cessé de dire la vérité!... Les travaux et les ruines de chaque jour sont autant de plaies pour un livre tel que celui-ci. Décrire l'Océan ou une montagne, quelle douce tâche! Ce que l'on dit sur ce point est dit pour toujours. Mais, des constructions sans cesse modifiées par la main de l'homme!.... On sait qu'un dictionnaire, cet inventaire des richesses d'une langue, est chaque jour rendu incomplet par les caprices de cette langue même. Il en est de même pour cette notice, simple inventaire des monuments et des œuvres de notre cité; c'est un travail que peu d'années suffiront peut-être à vieillir, et nous oserions presque rappeler ici ce peintre mis en scène dans une joyeuse comédie, qui ne garantissait jamais que pour un an la ressemblance de ses portraits. Supposons, en effet, qu'une personne éloignée d'Angers depuis vingt années environ, y reparaisse aujourd'hui et veuille y faire une de ses promenades habituelles : quel changement! Plus de turcie des Lices; plus de bastion du château; un pont Polonceau touchant la vieille tour Guillou : à la Basse-Chaîne, un autre pont, qui, après avoir entraîné tant de victimes dans sa chute désastreuse, commence à renaître sous une forme nouvelle. Puis, partout des hôtels; l'achèvement de notre ceinture de boulevards; un utile abattoir; bientôt, une vaste et salubre prison; un quartier neuf entre le Mail et le faubourg Bressigny; ce faubourg lui-même ayant, dans presque toute sa longueur, changé ses bicoques contre des maisons véritables... Cette pauvre mémoire dépaysée pourra, il est vrai, se reconnaître au cœur de la ville. Voici toujours la rue Saint-Laud, avec sa maison Abraham, gardée par un soldat en relief, celle dite du Vert-Galant, bâtie sous Henri II, ayant vue sur les tourelles latérales du magnifique hôtel de Pincé, connu sous le nom d'hôtel d'Anjou; puis, tout près du carrefour qui termine la rue même, la maison Adam, logis si original et tant de fois décrit. Voici, dans un autre sens, la rue Baudrière, toujours rapide et incertaine dans sa direction. Mais, là encore, le progrès a pénétré, les maisons neuves ont remplacé les vieux colombages, et, dès le voisinage du pont de pierre, on s'aperçoit que le voyage de souvenirs va, quoiqu'on fasse, redevenir voyage de découvertes.

Ces réflexions ne nous arrêtent nullement. Appelant au contraire de tous nos voeux le danger qui menace notre œuvre chétive, nous souhaitons que notre chère cité, devenue chaque jour plus prospère et plus active, presse ses reconstructions, élargisse ses rues, crée de nouveaux centres d'études, trouve le moyen de ne plus rester au ban de l'art musical qui lui donna une trop passagère renommée; qu'elle voie, comme à tant d'époques, sa célébrité maintenue et agrandie par les succès de ses enfants! qu'elle agisse, en un mot, de manière à faire, dans peu d'années, jeter de côté notre pauvre livre, muet sur tant de progrès accomplis et classé à peine au rang des ruines que l'on n'interroge plus.

APERÇU HISTORIQUE.

Ces mots disent assez que nous voulons nous éclairer ici de la lumière certaine des faits connus et consacrés, sans songer à faire briller aux yeux de nos lecteurs les lueurs, trompeuses sans doute, des récits que maints auteurs ont publiés sur l'origine de notre ville. Ainsi, sans remonter précisément jusqu'au déluge, nous pourrions, avec Bourdigné, montrer, deux siècles à peine après cet affreux cataclysme, fondant le gouvernement de la Gaule, Samothès, fils de Japhet, dont la descendance s'honore des noms de Druius et de Bardus, chefs des *Druides* et des *Bardes,* puis de ceux de Celte, Belgius, Pâris, Rhemus et Namnès, dont les noms ont été donnés à la Celtique, à la Belgique, aux villes de Paris, Reims et Nantes. Nous pourrions encore, avec Hiret, voir les *Angions* quitter le siége de Troie pour venir habiter notre contrée et nous léguer leur nom.... Laissant là toutes ces conjectures nébuleuses sans lesquelles plus d'un savant ne se serait pas permis autrefois de commencer un livre, nous prendrons la ville d'Angers à l'instant où la conquête romaine nomme son territoire et, bientôt, lui crée une physionomie nouvelle.

Un demi-siècle avant Jésus-Christ, au moment où Jules César étendait sur nos contrées l'ombre de ses aigles triomphantes, notre ville, située probablement alors sur la colline occupée aujourd'hui par le château et par le quartier nommé la *Cité*, était la principale bourgade des Andes, ou Andegaves, population qui avait alors comme aujourd'hui pour voisins, à l'orient, les Turones (Tourangeaux), au midi, les Pictones (Poitevins), au nord-ouest, les Rhedones (Rennois), à l'ouest, les Namnètes (Nantais), et au nord, les Cénomans (Manceaux). Ce peuple était vaillant et nombreux. Dès le temps de Tarquin l'ancien, si on en croit quelques auteurs, une colonie d'Andes et de Cénomans aurait pénétré dans la Gaule cisalpine et y aurait fondé, près de Mantoue, le petit village d'Andes, devenu si célèbre par la naissance de Virgile. L'émule de Ronsard, notre savant compatriote Joachim du Bellay, est venu accréditer cette opinion en écrivant au poète angevin Marèse :

Utque Andina tibi patria est, Andina Maroni sic fuit :

« Tu es, comme le fut Virgile, du pays des Andes. »

Quelle était la situation des Andes, au moment même

où naissait le poète dont leurs phalanges auraient eu la gloire de préparer le berceau ? Le cri d'indépendance n'avait pas encore cessé de retentir parmi eux. Défaits sans cesse, ils s'excitaient sans cesse à une résistance nouvelle. Leur longue chevelure teinte de la couleur pourpre usitée pour les combats, la tête couverte d'un casque grossier d'où sortaient menaçantes des cornes d'animaux sauvages, les mains armées de massues et de flèches aux pointes d'un silex acéré, nous croyons les voir s'élançant avec fureur au devant des cohortes disciplinées et, à l'exemple des Maures de nos jours, s'enfuir parfois en balançant des têtes romaines à la crinière de leurs coursiers. Vainement, César, paraissant pour la seconde fois dans notre contrée où il avait laissé Crassus avec la septième légion, avait anéanti la ligue armoricaine et sévi contre les Vénètes, coupables d'avoir arrêté les préfets ou tribuns envoyés par son lieutenant pour demander du grain : à la voix de Dumnacus, ce héros andegave dont les Angevins ne doivent jamais oublier le nom, plusieurs peuplades des rives de la Loire se réunissent aux Andes et vont assiéger la ville de Poitiers, que le celte Durac, vendu aux Romains, défendait au nom de César. Déjà le siège avançait, lorsqu'un lieutenant romain, Caninius, vint au secours de la place. La ville fut un moment quittée pour essayer contre lui une diversion inutile. Les travaux du siége venaient d'être repris, lorsqu'un autre corps de troupes romaines, commandé par Fabius, se présenta pour enfermer les Gaulois entre ses légions, la place et le camp où Caninius s'était retranché. Cette position devait être évitée à tout prix : Dumnacus résolut de battre en retraite et de rentrer dans le pays des Andes en passant la Loire au lieu où se sont élevés les Ponts-de-Cé et où, paraît-il, il aurait existé un pont dès cette époque. Mais, cette retraite, sans cesse arrêtée par la cavalerie romaine, ne fut qu'une suite de désastres et, presqu'au moment d'effectuer le passage qui devait assurer leur salut, vers le lieu où se trouvent aujourd'hui les bourgs de Juigné et d'Erigné, Dumnacus et les dernières phalanges de nos aïeux succombèrent.

De ce moment, tout se transforma : les Gaulois deviennent des Gallo-Romains et la ville des Andes prend le nom de *Juliomagus* (*Julio pagus*, bourg de Jules, ou Jules-ville).

Les larmes que nos ancètres durent répandre alors sur leur liberté perdue étaient pour nous la condition d'un meilleur avenir : elles étaient le prix de notre rédemption de la barbarie.

Bientôt, en effet, les Romains nous initièrent aux bienfaits de la civilisation et fondèrent des établissements qui forment encore aujourd'hui quelques-uns des principaux traits de notre cité.

A l'ouest de la roche élevée qui domine le cours de la Maine, au lieu où se voient les ruines de la demeure de nos comtes d'Anjou, les Romains placèrent le palais curial, où, en vertu des droit de municipe conférés à la ville, s'assemblaient les magistrats formant la *curie* de Juliomagus.

Sur la partie de la même colline où s'élève aujourd'hui la cathédrale, s'édifia un temple païen, dédié, croit-on, à Jupiter Capitolin, et tout à côté, une forteresse ou capitole, résidence du délégué de la puissance romaine parmi nous. Vers le commencement du VIe siècle, les comtes temporaires d'Anjou, succédant aux représentants de la conquête, habitèrent cette demeure, puis, au IXe siècle, la cédèrent aux évêques, qui l'ont toujours conservée, pour aller résider au palais curial dans lequel depuis un siècle environ le prélat de la cité demeurait.

En marchant de ce lieu vers le nord-est, on trouvait, sur la colline à peine sensible qui termine aujourd'hui l'impasse Saint-Julien, le Prétoire, disparu comme l'église Saint-Jean, plus tard nommée église Saint-Julien, qui s'éleva au même lieu.

Une cité romaine, enfin, ne se comprend pas sans bains et sans un amphithéâtre : les premiers furent placés sur la colline de l'Esvière (*aquaria*), où s'élève aujourd'hui, dominant le cours de la Maine, l'élégante villa de notre évêque. Le second, qui formait les *arènes* de *Juliomagus*, comme on dit les arènes du Mans et les arènes de Nismes, retint seulement son nom gaulois de *Growan* (sable, arène en langue celtique), et nous donna l'amphithéâtre de Grohan, placé près du boulevard actuel, derrière l'ancien couvent des Dames de la Fidélité ; ses vestiges étaient très visibles encore au commencement de ce siècle.

Pourvue de ces principales fondations, Juliomagus reçut sa première enceinte, qui, partant du palais curial et descendant jusqu'à la porte Boulet, près de l'endroit où se trouve aujourd'hui la fontaine Pied-Boulet, au bas de la rue Baudrière, remontait cette rue jusqu'à la porte *Angevine*, voisine du capitole (ou évêché), puis, traversant une portion de l'espace qu'occupent aujourd'hui le chœur de la cathédrale et la place Sainte-Croix, gagnait, rue Saint-Gilles, la porte Hugon (nommée, dans le XVe siècle, porte de la *Vieille-Chartre*, d'une chartre, ou prison qu'y voulut établir le roi René); et, enfin, arrivait, pour, de là, regagner la curie (ou le château), à la porte Toussaint, qui montre encore les vestiges de constructions romaines les plus apparents.

Nous faut-il maintenant raconter à quelles époques et par quelles causes cette domination romaine a fait place au pouvoir féodal pour se transformer, enfin, dans le régime politique qui existe de nos jours? Ce serait presqu'écrire les annales de la France et nous n'avons pas même la prétention d'esquisser ici celles de notre province. Nous ne voulons être en ce moment que citoyens de la ville d'Angers. A ce titre, simples passagers de l'histoire sur le grand navire de l'Etat, nous croyons devoir conter ce qui nous est particulièrement advenu; laissant à d'autres le récit des faits et gestes qui concernent l'ensemble et, surtout, les chefs de l'équipage. Que les historiens donc expliquent comment, au Ve siècle, alors que l'Empire romain allait se dissolvant, la Gaule et l'Armorique surent reprendre leur indépendance; comment, à cette époque les noms romains furent abandonnés et laissèrent *Lutetia* redevenir Paris; *Augustoritum*, Poitiers; *Cæsaromagus*, Beauvais; *Cæsarodunum*, Tours...

Nous ne rappellerons qu'un épisode de ce tableau général ; c'est que, vers l'an 475, Childéric Ier, roi des Francs, ayant pénétré dans l'Anjou, tua de sa main le comte Paul qui, après la fuite du commandant de la milice Syagrius, gardait la ville au nom des Romains, et enleva ainsi à l'ancienne domination notre ville qui, elle aussi, laissa avec joie son nom de Juliomagus pour reprendre celui d'*Andegavi*, Angers.

En indiquant Childéric, nous avons presque nommé Clovis, son successeur. Quelqu'immense qu'ait été sur la foi des peuples francs l'influence de la conversion de ce chef, l'Anjou avait déjà, depuis plus d'un siècle, vu répandre sur quelques parties de son territoire la féconde semence de la loi nouvelle. Florent, soldat bavarois, dont le père, Florian, avait été martyrisé, et qui avait lui même échappé à grande peine aux tourments près d'Ems, dans la Haute-Autriche, était venu en Anjou, à la fin du IIIe siècle, et y avait évangélisé avec ferveur. A dix lieues d'Angers, sur les bords de la Loire, il s'était arrêté au Mont-Glonne, et après avoir, dans ce lieu, détruit maints serpents, mot qui indique, on le sait, en style légendaire, l'idolâtrie et les enseignements vicieux, il y avait vécu saintement, instruisant moins encore par ses paroles que par ses pieux exemples.

Si, en quittant Angers, vous prenez la voie du fleuve pour gagner Nantes, vous apercevez dès Ingrandes une colline élevée surmontée d'une église à tour ronde, dont les pierres blanches resplendissent parfois aux rayons du soleil et, parfois, tranchent vivement sur les nuages sombres que les vents d'ouest amènent de l'embouchure de la Loire. C'est là le Mont-Glonne, ou plutôt, depuis le séjour du pieux ermite, c'est Saint-Florent-le-Vieil.

Avant d'atteindre le pied du coteau, on voit sur la rive opposée, une ligne confuse d'humbles maisons de pêcheurs. Dans une de ces demeures, en octobre 1793, expirait le général vendéen Bonchamps. Comme si, après quinze siècles, la voix du pauvre soldat de la Bavière prêchant la charité et le pardon retentissait à son oreille et venait toucher son noble cœur, le général employait l'effort de ses derniers mots à demander grâce pour 5,000 prisonniers républicains que renfermait l'église. Une des statues les plus remarquables de notre célèbre sculpteur David est placée derrière l'autel du saint édifice et représente ce chef prononçant, près d'expirer, ces sublimes paroles : Grâce aux prisonniers : Bonchamps l'ordonne ! On a beau remarquer l'aspect ravissant et la fraîche verdure de cette colline, de pareils souvenirs l'emportent de bien loin sur le prestige, pourtant si réel, de ces matérielles beautés.

Deux siècles et demi plus tard, un fait d'une grande importance pour notre contrée et pour notre ville spécialement, s'accomplit sous l'épiscopat de saint Eutrope, successeur de saint Aubin et onzième évêque d'Angers. Vers 529, saint Benoît s'était retiré sur le Mont-Cassin, y avait bâti un monastère et institué sa règle, qui se répandit bientôt dans toute la chrétienté. Bertrand, ou Bertrigamme, évêque du Mans, admirateur du nouvel ordre, chargea deux clercs d'aller vers saint Benoît, afin que celui-ci lui envoyât un de ses disciples. Benoît, heureux de trouver un moyen de faire pénétrer sa règle jusqu'au cœur de la Gaule, choisit pour cet apostolat, le jeune Maur, son plus cher élève. Mais arrivé à Orléans, vers 550, Maur apprend que l'évêque Bertrand a cessé de vivre, et que Dumnole, son successeur, ne pouvait le recevoir, n'ayant pas de deniers suffisants pour bâtir une abbaye. C'est alors que, sur le conseil de ses compagnons de route, Maur descendit en Anjou et s'arrêta, sur le bord de la Loire, au lieu nommé Glanfeuil. Un riche personnage, nommé Florus, lui offrit l'hospitalité dans ce domaine; puis, bientôt, touché par ses discours, prit le froc et abandonna tous ses biens pour bâtir sur le lieu même un monastère. Ce couvent qui, au milieu de ses transformations, a conservé le nom de St-Maur, est situé à cinq lieues et demie d'Angers, un peu plus haut que le bourg de Saint-Mathurin et sur la rive opposée. Ce n'est pas ici, sans doute, le lieu d'énumérer les causes qui ont rendu si célèbre cet ordre des Bénédictins, au sein duquel s'établit sous le nom de Congrégation de Saint-Maur, la réforme de 1621 : tout le monde sait que Mabillon, Martenne, Ruinart, appartenant tous à cette règle, sont cités au premier rang de ceux qui ont éclairé le passé si obscur de notre histoire. Mais, il appartient essentiellement à notre sujet de rappeler que plusieurs de nos édifices ont été occupés par les Bénédictins et rebâtis par eux. L'hôtel de la préfecture, avec la belle tour Saint-Aubin, Saint-Serge et la partie ancienne du Séminaire qui l'avoisine, l'admirable couvent de Saint-Nicolas et le Ronceray, abbaye de femmes devenue l'Ecole des Arts-et-Métiers, sont des restes de leur splendeur.

Pendant que la foi, puis la science s'établissaient ainsi parmi nous, notre province était gouvernée par des comtes, temporaires durant trois siècles environ, héréditaires depuis le règne de Charles-le-Chauve.

Parmi ces anciens chefs de l'Anjou, quelques noms méritent un reconnaissant souvenir, ou, même, réveillent les plus hautes idées d'héroisme et de poésie.

Le plus ancien comte dont les chroniques fassent mention est Licinius, homme accompli, fils d'un maire du palais. Déjà élevé par Clotaire Ier à la dignité de connétable (comte des étables), vers 575, il fut investi par Chilpéric Ier du gouvernement de notre contrée. Entraîné par sa piété vers l'état ecclésiastique et ayant vu mourir de la lèpre une jeune fille à laquelle il était fiancé, il se démit de son commandement, prit les ordres et mourut bientôt après. Honoré sous le nom de saint Lézin, il est devenu le patron de l'ancienne université d'Angers.

Le second nom cité par nous, sera celui de Rainfroy, maire du palais de Neustrie sous les derniers mérovingiens (715). Ayant voulu, à la mort de Dagobert II, maintenir sur le trône Chilpéric, dont le fils de Pépin-Héristal, le fameux Charles Martel, combattait les droits, il fut défait deux fois et reçut bientôt de Charles son vainqueur, le titre de comte de notre province.

Un de ses premiers soins fut de reconstruire son propre palais : on s'accorde à regarder comme son œuvre, ce haut mur de notre évêché donnant sur la place Neuve et construit en petits tufs carrés séparés symétriquement par des lignes de ciment. Malheureusement, l'histoire ajoute que, pour hâter ces constructions, le comte Rainfroy prit ses matériaux à l'abbaye de Saint-Maur, qu'il ordonna de démolir, et il n'est pas besoin d'ajouter qu'en maintes circonstances l'ombre du saint fondateur apparut miraculeusement pour se plaindre de cette profanation. Cette extorsion par les grands des biens du clergé, n'était pas, du reste, sans exemple à cette époque et plusieurs auteurs pensent que les dîmes données comme compensation des biens enlevés, prirent de là leur origine.

A Rainfroy succéda Milon, comte du Mans, beau-frère de Charlemagne (768), dont la sœur, Berthe, reçut pour dot le comté d'Anjou. Milon, que l'on croit d'origine angevine, accompagna l'illustre empereur en Espagne et périt, paraît-il, dans une bataille livrée aux Sarrazins.

Milon eut quatre fils, quatre guerriers fameux, Thierry, Geoffroy, Beaudouin et, avant tout, Roland! Oui, Roland, l'Ajax de la chevalerie, le guerrier dont l'épée Durandal pourfendait les rochers et tranchait d'un seul coup homme, selle et cheval, dont l'olyfant (1) bruyant faisait trembler la terre à trois lieues à la ronde, le pieux Roland, occis à Roncevaux, comme dit la légende, succéda (777) comme fils aîné, à Milon dans le gouvernement de notre province. L'Arioste lui-

(1) Trompe, trompe d'éléphant. Ce dernier mot se dit encore en breton : Olyfand.

même nous l'apprend dans un passage de son huitième chant de l'*Orlando furioso*, traduit ainsi par le comte de Tressan : « Roland se réveille..... *Le brave comte d'Angers* ne réfléchit pas alors.... etc... »

Que pourrions-nous ajouter après avoir cité un tel nom ? Roland est un des héros les plus connus et les plus populaires. Chez les Grecs, il eût été un demi-dieu.

Nous arrivons à un autre nom héroïque aussi, et pour lequel nous voudrions qu'un poète se rencontrât parmi nous.

C'est, on le sait, sous le règne de Charles-le-Chauve, second successeur de Charlemagne, que les *Nordmans*, sous la conduite du terrible Hastings (845), sont entrés avec leur flotille dans la Loire et sont venus assaillir notre ville, après avoir pillé Nantes et incendié, en passant devant le Mont-Glonne, le monastère de Saint-Florent. Notre pauvre ville fut mise à sac : le comte Thierry, père de Roland, qui l'avait dignement défendue (854) quoiqu'il fût plus qu'octogénaire, fut pris et brûlé vif.

Le pillage terminé, les Normands regagnèrent leurs retraites de la Loire : mais, à peine notre cité avait-elle commencé à réparer ses ruines et à rebâtir ses temples incendiés, que les barques des redoutables ennemis reparurent et que le pillage et le feu dévastèrent de nouveau la ville (855).

L'Anjou venait d'être divisé en deux comtés. Pendant que le brave et vieux Thierry recevait du roi la mission de défendre le comté de deçà Maine, comprenant la ville d'Angers avec tout le territoire situé entre la rive gauche du Loir et de la Maine et la rive droite du Layon, un jeune capitaine nommé Rostulf ou Robert, issu de la branche des rois carlovingiens, reçut le commandement du comté d'*outre-Maine*, dont il plaça le chef-lieu à Séronne, aujourd'hui Châteauneuf-sur-Sarthe. Vanté déjà pour sa force et son courage, il reçoit bientôt le titre de *marquis* (1), c'est-à-dire de défenseur des marches ou frontières. De ce moment, Robert-le-Fort ne cessa d'opposer la plus vive résistance aux Danois ou Normands et à leur chef Hastings qui, le croira-t-on, avait vu le jour dans la Champagne et tournait ainsi contre sa patrie sa fureur sanguinaire. La série de ces combats forme une des parties héroïques de l'histoire de notre province et s'étend jusqu'au 25 juillet 867, jour où le valeureux marquis d'Angers fut tué près de l'église de Brissarthe, non loin de Séronne.

Peu de temps après cette mort si regrettable, Hastings s'empara d'Angers et l'occupa pendant près de six années. Charles-le-Chauve, aidé de Salomon, duc de Bretagne, vint mettre le siége devant la ville, qu'il voulait rendre à nos aïeux. Ce siége semblait devoir rester infructueux, lorsque Salomon, imitant ce que, 556 ans avant Jésus-Christ, Cyrus avait fait pour s'emparer de Babylone, résolut d'employer ses soldats à détourner le cours de la Maine. Il savait que les Normands portaient à leurs barques un attachement superstitieux; qu'elles étaient pour eux la fuite, le com-

(1) Les Italiens ont su mieux que nous conserver la racine de ce mot, en l'écrivant *marchese*.

bat, la vie tout entière et qu'ils ne résisteraient pas à la crainte de voir leur flottille mise à sec et, par conséquent, frappée d'impuissance. Cette *reculée* de la Maine a laissé pour témoin le canal qui, commençant à la tour Guillou, traverse la portion de la ville située sur la rive droite et nommée la Doutre, à deux cents pas environ du bras principal. La démonstration du duc de Bretagne réussit : les Normands effrayés offrirent de l'argent et promirent de sortir du royaume, promesses malheureusement sans garanties et bientôt oubliées.

Ces barbares ne cessèrent d'inquiéter et de ravager ainsi notre contrée jusqu'à la fin du siècle, époque à laquelle le faible Charles-le-Simple leur abandonna la Neustrie où ils s'établirent et qui a gardé de cette occupation le nom de Normandie.

Un peu avant ce temps, commence la série de nos comtes héréditaires, parmi lesquels plusieurs ont porté la couronne royale.

Le premier auquel ce titre ait été donné est Ingelger, fils de Tertule, qui commandait notre province avant lui.

Ingelger n'avait que seize ans lorsqu'il soutint un duel célèbre comme champion de la charmante comtesse de Gâtinois, Adèle, sa marraine. Gontran, qui accusait cette jeune châtelaine d'avoir trompé puis mis à mort son mari, fut tué et, sur la demande de la comtesse Adèle, Ingelger fut investi du territoire de Château-Landon et environs. Un tel début mit promptement en grand renom la bravoure d'Ingelger qui, après avoir été créé successivement vicomte d'Orléans et préfet de Tours, fut nommé comte de deçà Maine et mourut, laissant un nom sous la protection duquel se placèrent maintes entreprises, et auquel des idées de noblesse et de dévouement s'attacheront toujours.

Ce comte bâtit dans l'enceinte du château la petite église Sainte-Geneviève, dont quelques vestiges se voient encore aujourd'hui.

Foulques Ier, dit le Roux, qui succéda à Ingelger son père, vit s'effacer la division de la province en deux comtés. Eudes, comte d'Outre-Maine, était, après la mort de Charles le-Gros, devenu roi de France et, moins difficile depuis la cessation presque complète des incursions des Normands, cette partie du commandement de l'Anjou fut, comme avant Charles-le-Chauve, attribuée au comte chargé de gouverner la rive gauche de la Maine.

Foulques II, dit le *Bon,* fils du précédent, se distingua dans les lettres, répara autant que possible les ruines qu'avaient laissées les Normands, encouragea l'agriculture et fit goûter à l'Anjou la douceur d'un gouvernement que plus d'une province dut envier. Il créa une abbaye devenue plus tard florissante, au lieu où se trouvait, sur la rive droite de la Maine, un petit oratoire souterrain renfermant une statue de la Vierge, trouvée parmi les ronces : cette abbaye fut celle du Ronceray devenue aujourd'hui l'Ecole des arts et métiers.

On a cité cent fois le mot hardi de notre comte au roi Louis IV, dit d'Outre-Mer. On disait vigiles dans l'église Saint-Martin de Tours. Une voix savante et mélodieuse dominait les chants du sanctuaire; le roi veut apercevoir ce chantre habile et reconnaît au lutrin notre comte d'Anjou en costume de chœur. Il le montre à ses hommes d'armes et tous se mettent à rire de ce guerrier qui, disent-ils, chante comme un prêtre. Foulques s'en aperçoit et se contente d'écrire à la hâte à Louis cet avertissement : « Vous saurez, seigneur, qu'un prince illétré est un âne couronné. » Il faut ajouter à l'éloge du roi que, loin de s'offenser de cette remarque un peu vive, il la déclara parfaitement juste et fut peut-être le premier à complimenter Foulques sur les répons et la vie de saint Martin dont celui-ci, inscrit au nombre des chanoines de Tours, a enrichi notre liturgie.

Geoffroy, dit *Grise-Gonelle* (tunique grise), doit voir son nom retenu à cause du combat célèbre et tout à fait propre aux légendes, qu'il soutint, sous Lothaire, à la vue des murailles de Paris (978). Othon II, roi de Germanie, tenait cette ville assiégée. Chaque jour un guerrier de son armée, le Danois Haustuin, soldat d'une taille et d'une force merveilleuses, s'avançait devant les remparts et défiait en combat singulier quelqu'assiégé auquel cette lutte était toujours fatale.

Instruit du danger de la capitale, notre comte rassemble ses leudes et les conduit en toute hâte à Château-Landon, près de Chartres, où il les laisse sous un prétexte, n'emmenant avec lui que trois hommes d'escorte. Il arrive en deux jours chez le meunier de Saint-Germain-des-Prés, dont le bateau servait au passage de cette partie de la Seine. Le lendemain, il touche la rive droite, gagne l'armée d'Othon et s'avance droit à Haustuin. Les assiégés qui ont reconnu aux mains de ce champion inconnu l'armure d'un Franc, se pressent sur les remparts et contemplent pleins d'anxiété chaque péripétie du combat. Bientôt un immense cri s'élance! Haustuin est tombé et le vainqueur s'éloigne en brandissant à la pointe de son glaive la tête sanglante du géant. On court à sa poursuite, mais déjà Geoffroy a pu toucher la rive gauche, sauter sur son coursier et disparaître avec ses gens. Le meûnier, interrogé, répond qu'il ignore le nom de celui auquel il a donné l'hospitalité, mais que ses traits sont profondément gravés dans sa mémoire.

Lothaire résolut de mettre ce souvenir à profit pour connaître le héros qui s'était dérobé à une trop juste récompense. Ayant, à la Pentecôte, assemblé tous ses grands vassaux dans son palais des Thermes, il manda le meûnier dont les regards s'arrêtèrent bientôt sur Geoffroy, portant ce jour-là une simple tunique grise d'une étoffe assez grossière. « C'est, s'écria-t-il, cette grise gonelle qui a triomphé du géant! » On devine quels applaudissements répondirent à cette naïve exclamation, dans laquelle Geoffroy trouva son surnom, aussi simple que glorieux.

Fils de Geoffroi Grise-Gonelle, Foulques III, dit *Nerra*, ou le Noir, à cause de la couleur brune de son teint, a gouverné l'Anjou de l'an 987 environ à 1040.

Il est le plus célèbre de nos comtes héréditaires.

Les esprits admirateurs de la foi ardente de nos pères trouvent dans Foulques un pénitent portant jusqu'à la fougue les actes de contrition et de repentir et se faisant frapper de verges dans les rues de Jérusalem, ville dans laquelle il s'est rendu quatre fois en pèlerinage. Ces voyages avaient même fait ajouter à son premier surnom, ceux de *Palmiste* et de *Yérosolimitain.* Le soin qu'il prenait souvent d'orner sa coiffure d'une palme cueillie aux saints lieux explique le premier de ces mots.

Ceux qui se plaisent au récit des exploits, se rappelleront que notre comte, vainqueur à Concret, à Pont-le-Voy, à Saumur et à Rome même, a abattu la puissance des Bretons, reculé la limite de ses Etats d'outre-Maine et conquis le pays saumurois sur le comte de Blois et de Touraine.

Ceux, enfin, qui aux conquérants préfèrent justement les fondateurs, sauront que Foulques a créé en Touraine : Langeais, Chaumont, Montrésor, Sainte-Maure, Lenniac, Montbudel, Montrichard; vers le Poitou : Mirebeau, Moncontour, Faye, Montreuil, Passavant, Maulévrier; en Anjou: Baugé (aujourd'hui Vieil-Baugé), Châteaugontier et Durtal.

Quant aux Angevins, le nom de ce comte, qu'on a appelé le *grand édificateur*, se trouve écrit sur maints monuments de la ville.

Le magnifique couvent de Saint-Nicolas a été fondé par lui en exécution d'un vœu fait à ce saint, protecteur des nautoniers, pendant une tempête qui avait assailli le comte et sa suite lors de son premier voyage à Jérusalem.

Il reconstruisit entièrement la basilique de Ste-Marie

de la Ronce ou du Ronceray (aujourd'hui l'école d'Arts et Métiers), et les magnifiques vestiges de cette œuvre disent encore aujourd'hui quelle en fut la splendeur.

Il rebâtit l'église si belle et si curieuse de Saint-Martin, construite au commencement du IXe siècle par l'impératrice Hermengarde et Louis-le-Débonnaire, son époux, tout en laissant intacts les quatre magnifiques arcades à plein-cintre qui forment la base de sa tour carrée et font de ce monument un des restes carlovingiens les plus intéressants que la France possède.

Foulques III nous a dotés d'une œuvre plus vaste encore : il a voulu garantir la *ville* née peu à peu auprès de l'ancienne cité et a fait construire la seconde enceinte d'Angers.

Cette enceinte, dont nos lecteurs n'auront peut-être pas la patience de suivre entièrement le périmètre, partait de la Basse-Chaîne, au lieu où se voyaient naguères les tristes restes de notre pont suspendu, arrivait à la porte Chapelière, placée au bas de la rue Baudrière, gagnait la rue de la Roë, puis, traversant la rue St-Nor, aujourd'hui rue Saint-Laud, atteignait la porte Girard, dont il ne reste plus que le muet gardien, sculpté avec sa lance sur un des piliers de la vieille maison Abraham. Le mur remontait ensuite par la rue Saint-Georges, tournait à droite par la Chaussée-Saint-Pierre, retournait à gauche par la rue Saint-Julien, coupait la rue Saint-Aubin devant la rue Courte (où se trouve aujourd'hui le Musée), et rejoignait dans cette direction la porte Toussaint, pour regagner par l'ancienne muraille le palais curial devenu, successivement comme on le sait, la demeure des évêques, puis des comtes de notre province.

Ce prince n'a pas fermé les yeux au milieu de la ville qu'il avait ainsi enrichie. En revenant, par l'Allemagne (1040), de son quatrième voyage en Terre-Sainte, il mourut à Metz, et sa dépouille fut apportée dans l'église qu'il avait fait construire en l'honneur du Saint-Sépulcre, à Beaulieu, près de Loches.

A Foulques-Nerra succéda son valeureux fils, Geoffroy II, dit *Martel*, dont la vie, presqu'entièrement remplie par des guerres glorieuses contre les comtes de Poitiers, du Mans, de Blois et d'Aquitaine, trouverait difficilement place dans cette notice sans la fondation du monastère de l'Esvière, dont l'élégante chapelle, reconstruite dans le XVe siècle, par Yolande d'Aragon, mère du roi René, comte d'Anjou, subsiste encore dans une propriété particulière, voisine de la villa de l'évêque d'Angers.

Cette fondation n'était elle-même que le souvenir, le reflet, en quelque sorte, d'une fondation plus importante que Geoffroy et Agnès de Bourgogne, son épouse, avaient (1047) faite à Vendôme. Avertis par une apparition miraculeuse, ils avaient construit dans cette ville l'abbaye de la Trinité, que vingt-cinq Bénédictins de Marmoutiers devaient desservir. Cette abbaye avait été dotée d'une relique célèbre, la *sainte Larme,* apportée d'Orient par notre comte. Cette larme, celle, comme le rapporte Duchesne, que *Notre Seigneur pleura sur le Lazare*, s'était acquis un renom dont les Vendômois n'ont pas encore perdu le souvenir.

A 54 ans, Geoffroy se retira et mourut (1060) au couvent de Saint-Nicolas, qu'avait fondé son père.

Nous ne pouvons manquer de mentionner ici Foulques IV, dit le *Réchin,* non par ce qu'il a fait, mais par ce qui est arrivé pendant son gouvernement. Il fut lui-même le sujet ou, pour mieux dire, la victime du premier des événements que son nom rappelle.

Dépeint plus ou moins fidèlement par son surnom Réchin (chagrin, mélancolique), Foulques, après avoir déjà répudié trois femmes (1060), épousa Bertrade de Montfort, *la plus belle du royaume*. Celle-ci ne tarda guère à prévenir un abandon qu'elle craignait, en trahissant elle-même ses devoirs. Philippe Ier, roi de France, décidé à quitter sa femme Berthe, fille du comte de Hollande, avait jeté les yeux sur la belle comtesse d'Anjou (1092). Il l'enleva à son époux, à Tours, après avoir concerté avec elle cette fuite, dans l'église Saint-Jean, au moment où les chanoines de Saint-Martin y bénissaient en grande pompe des fonts baptismaux. Bientôt Bertrade fut reine. Il appartient à l'historien seul de rappeler les vives et longues dissensions auxquelles ce mariage donna naissance dans toute la chrétienté. Nous ferons remarquer seulement que deux noms illustres apparaissent au milieu de ces débats et de ce scandale. L'excommunication encourue par le roi fut lancée par Urbain II, ce moine de Cluny, cet émule de Grégoire VII qui allait, au concile (1095) de Clermont, faire fructifier la parole ardente de Pierre l'Ermite et jeter ce cri : *Dieu le veut!* qui entraîna notre première croisade. Robert d'Arbrissel éleva dans le même temps sa voix courageuse au milieu du concile de Poitiers. Les dissensions causées par cette union durèrent jusqu'en 1106, époque à laquelle Philippe et Bertrade étant venus à Angers, un grand festin fut préparé et une réconciliation solennelle de Foulques et de Bertrade de Montfort annoncée au royaume. Trois années plus tard, Foulques mourait et était inhumé au monastère de l'Esvière, que Geoffroy-Martel venait de bâtir. Bertrade, prenant après la mort de Philippe (1109), l'habit de Fontevrault, expira de son côté à l'abbaye de Haute-Bruyère, qu'elle avait fondée près de Paris.

Selon quelques auteurs, notre ville doit aux sentiments de pénitence de cette princesse, ou de cette *reine,* comme on ne cessa de l'appeler, la construction de la nef actuelle de la cathédrale. Mais, les indications archéologiques restent isolées sur ce point et se trouvent combattues par les noms des divers constructeurs de cet important édifice.

Urbain II et Robert d'Arbrissel, ces deux voix puissantes, se sont rencontrées à Angers. Le premier étant allé successivement à Tours (1096), au Mans, à Vendôme et à Sablé pour y prêcher en faveur de la croisade déclarée l'année précédente au concile de Clermont, vint à Angers et y officia pour la consécration de l'abbaye Saint-Nicolas. Robert d'Arbrissel parla en sa présence. Bientôt, le pontife voyait s'acheminer vers le Danube les premiers Croisés conduits tumultueusement par Pierre l'Ermite et Gautier-sans-Avoir. L'éloquent Robert, après avoir été, pendant quelque temps official de l'évêché de Rennes et avoir fondé, dans la forêt de Craon (Mayenne), le monastère de *Notre-Dame* de la *Roue* ou de la *Roë,* dont une des rues d'Angers porte encore le nom, s'arrêtait (1098) au-dessus de Saumur, non loin de la Loire, dans une vallée sauvage et ombragée, du nom de Fontevrault. Suivi de plusieurs milliers de pénitents que sa parole entraîne, il marque par une croix le lieu où va naître une colonie. A sa voix les arbres de la forêt tombent sous la hache, des cellules se construisent, un humble oratoire élevé d'abord se transforme en une vaste église, et des hymnes de reconnaissance consacrent bientôt le célèbre monastère dans lequel depuis Pétronille de Chemillé, instituée abbesse par Robert d'Arbrissel lui-même, jusqu'à Julie d'Epernon, chassée par l'orage de 1792, les plus nobles dames de France prièrent, commandèrent et moururent. Commandèrent, disons-nous, car, dans cet ordre les femmes dirigeaient les hommes, préférence qui a pu être la source d'allégations vivement soutenues et non moins vivement contestées sur les dangers extrêmes auxquels le fondateur exposait volontairement sa vertu.

L'expiation, non plus celle inspirée par le ciel, mais celle imposée par les lois de la terre, habite toujours le vaste monastère. Fontevrault est devenu une maison centrale recevant les individus de dix-neuf départements, condamnés à la réclusion ou à un emprisonnement de plus d'une année.

Comment quitter Foulque IV sans dire que, sous sa domination, notre ville a été le théâtre d'une des plus fameuses hérésies qu'ait réprimées le catholicisme. Bérenger, disciple de Fulbert, de Chartres, et doué d'une grande éloquence, avait été nommé archidiacre de la cathédrale d'Angers. Les louanges d'Eusèbe Brunon son évêque, consacraient en lui l'admiration de tous. Bientôt, on apprend que, vers 1070, dans le cimetière qui forme aujourd'hui la place Sainte-Croix, comme sur le tertre Saint-Laurent, Bérenger a soutenu que l'hostie n'était qu'un symbole, une commémoration, mais ne contenait pas réellement et en substance le corps de Jésus-Christ. Déjà de nombreux auditeurs avaient été gagnés à cette croyance; parmi eux se trouvait Anastase, moine de Saint-Serge. On accusa même le fameux Hildebrand, devenu pape sous le nom de Grégoire VII, de l'avoir favorisée, accusation qui semble, il est vrai, n'avoir été qu'un prétexte mensonger employé par les partisans de Henri, empereur d'Allemagne, pour déposer le pontife. Ce schisme, qui peut être considéré comme ayant donné naissance à la théologie scolastique et dont les prédications de Luther et de Calvin semblent n'être qu'un lointain retentissement, fit à maintes reprises tonner les conciles et éclater les excommunications. Anastase vaincu, se rétracta. Bientôt, Bérenger se rétracta également, puis se retira dans l'île Saint-Côme (1088), en Touraine, où il mourut âgé de 90 ans.

La procession de la Fête-Dieu, ou le *Sacre*, dont la renommée attirait jadis tant d'étrangers dans notre ville, n'a pas été, comme quelques personnes le pensent, instituée en expiation de cette hérésie. Cette cérémonie n'a été établie qu'en 1264, par le pape Urbain IV, en l'honneur du Saint-Sacrement. Seulement, le souvenir de l'offense faite parmi nous au caractère divin de l'hostie, et, plus tard, les mille accessoires nés de la bizarre imagination de notre roi René, avaient donné à cette solennité une splendeur que la ville d'Aix, longtemps aussi habitée par le roi René, offrait seule à un semblable degré.

Nous n'aurions pas terminé encore si nous voulions dire toutes les difficultés, toutes les peines qui marquèrent la domination de Foulque IV. Après avoir vu, non sans des batailles nombreuses, son gouvernement divisé entre lui et son frère Geoffroy-le-Barbu, il eut à combattre son propre fils, Geoffroy-Martel II, fils de sa deuxième femme, Ermengarde, qu'il voulait exhéreder au profit d'un fils de la reine Bertrade. Ce prince, qui eut l'insigne honneur de commander, au combat d'Hastings, la seconde ligne de bataille de Guillaume-le-Conquérant, fut tué d'une flèche dans le château de Candé, et Bertrade passa pour n'être pas étrangère à cette mort. Pauvre Foulques! Qui donc, à sa place, n'eût fini par mériter son triste surnom!

Après avoir indiqué Foulques V, dit le *Jeune*, fils du Réchin et de Bertrade, et devenu, de 1131 à 1144, roi de Jérusalem, par suite de son mariage avec Mélisende, fille de Baudouin II, nous nous empressons d'écrire le nom de Geoffroy-le-Bel (1) ou Plantagenet.

(1) On le désigne comme Geoffroy III, Geoffroy IV, ou Geoffroy V, selon que l'on compte, ou non, comme ayant possédé l'Anjou avant lui, Geoffroy-le-Barbu et Geoffroy-Martel II, l'un frère, l'autre fils de Foulques-le-Réchin.

Une branche de genêt placée habituellement sur la coiffure de notre comte fut, on le sait, l'origine de ce nom qui nous lance à lui seul en pleine histoire d'Angleterre.

Avant son dernier départ pour la Terre-Sainte, Foulques V avait cédé (1144) à son fils Geoffroy-le-Bel ses comtés d'Anjou et du Maine. Celui-ci avait épousé déjà Mathilde, femme remarquable par son esprit et sa beauté, veuve de Henri V, empereur des Romains (1128) et fille de Henri Ier, roi d'Angleterre. Il en avait eu un fils nommé également Henri.

Henri Ier étant mort (1135), Mathilde se rendit en Angleterre, pour y assurer ses droits et ceux de son fils Henri. Elle rencontra un compétiteur redoutable dans Etienne, petit-fils, par Adèle sa mère, de Guillaume-le-Conquérant, et déjà sacré à Londres. Des siéges nombreux, des batailles sanglantes marquèrent cette lutte désastreuse qui se termina par la cession qu'Etienne fit de la couronne d'Angleterre à Henri (1155). Etienne devait, toutefois, porter cette couronne jusqu'à sa mort, survenue le 25 octobre de l'année suivante.

Déjà, depuis trois ans, Geoffroy-Plantagenet, après avoir cédé à son fils Henri le duché de Normandie auquel il prétendait du chef de sa femme Mathilde, était parti pour la croisade avec le roi Louis-le-Jeune et, à son retour, était mort à Château-du-Loir (1151) d'un refroidissement causé par un bain de rivière.

Ce fils de notre comte, ce roi d'Angleterre, dont le surnom s'étendra à toute une dynastie, c'est Henri II, qui bientôt devint également comte d'Anjou, après avoir enlevé par la force des armes cette dignité à son frère Geoffroy-Plantagenet IIme. — Que de riches provinces étaient alors en la possession de ce prince ! Et, comme si ces vastes domaines ne suffisaient pas à sa domination, il fit la conquête de l'Irlande et la réunit à l'Angleterre. Du moins, au milieu de ces grandeurs dont il ne nous appartient pas de suivre le cours et les péripéties, il n'oublia pas son pays d'origine, et dota la ville d'Angers du bel hôpital (1153) qui s'élève près du tertre Saint-Laurent. Il contribua beaucoup aussi à la construction de la levée, depuis longtemps commencée, qui, au-dessus d'Angers, défend notre riche *vallée* des atteintes de la Loire.

Mort à Chinon en 1189, Henri II laissait trois fils : le célèbre Richard-Cœur-de-Lion, qui devint immédiatement roi d'Angleterre ; Geoffroy, duc de Bretagne, et Jean. Richard étant mort sans enfants (1199), ses droits devaient passer au jeune Arthur, âgé de 12 ans, fils de Geoffroy. Il l'avait lui-même, en partant pour la croisade, désigné comme son successeur. Mais, Jean, plus tard surnommé et plus justement encore devenu *Jean-sans-Terre,* usurpa les droits de son neveu et se fit couronner roi d'Angleterre. Sachant que l'Anjou, le Maine et la Touraine reconnaissaient les droits d'Arthur, il vint assiéger Angers. Philippe-Auguste, roi de France, avait pris les droits d'Arthur sous sa protection. Le grand Shakespeare retrace, dans l'une de ses pièces historiques, cet épisode dont les murs de notre ville sont témoins et peint admirablement l'embarras dans lequel se trouvaient nos ayeux en présence des deux armées demandant l'entrée de leur cité. Après une conférence engagée devant les remparts, entre Jean et le roi Philippe, un bourgeois leur dit (1) :

« Notre réponse sera courte : nous sommes les su-
» jets du roi d'Angleterre ; c'est pour lui et en son
» nom que nous tenons cette ville. »

« Le roi Jean : Reconnaissez-donc le roi et laissez-
» moi entrer.

» Premier bourgeois : Nous ne le pouvons pas; mais
» nous accorderons notre foi à celui qui prouvera qu'il
» est le roi véritable; jusques-là, nous fermerons nos
» portes contre le monde entier. »

On sait la fin de ces sanglants débats. Arthur ayant été fait prisonnier (1202) à Mirebeau, près de Poitiers, fut chargé de chaînes et emmené à Falaise, puis conduit dans le château de Rouen, où son oncle le poignarda (1205) de ses propres mains.

Ce crime eut pour résultat immédiat de faire citer Jean devant la cour des pairs de France et de faire prononcer la confiscation de ses provinces, qui furent réunies à la couronne. Jean, ainsi dépouillé, chercha à lutter contre cet arrêt et vint, entr'autres, assiéger, près d'Angers, le château de la Roche-aux-Moines: mais sa mort mit un terme à ces vaines tentatives et la puissance colossale de Henri II, son père, vint ainsi, par suite d'un crime odieux (1216), s'évanouir entre ses coupables mains.

Nous ne voulons pas oublier qu'en interrogeant le passé, nous lui demandons uniquement quels hommes

(1) Le *roi Jean*, drame, acte 2, scène première.

et quels faits ont influé sur les destinées de notre ville. Quelqu'humble que soit cette tâche, nous devons nous répéter qu'elle seule nous est ici permise, et que, nous attachant à nos murailles pour reproduire brièvement les noms et les dates dont elles portent l'empreinte, il nous est interdit de nous laisser aller au courant si entraînant de l'histoire.

Ainsi, laissant de côté la fin du règne de Philippe Auguste, sous lequel mourut Jean-sans-Terre et les vains efforts du roi de France pour faire monter Louis son fils sur le trône d'Angleterre, négligeant également le règne de Louis VIII, dit Cœur-de-Lion, nous arriverons au grand nom de saint Louis et encore n'extrairons nous guère de ce règne mémorable qu'un détail matériel. Pourtant, les Croisades, les *Etablissements*, cette noble et constante magnanimité, cette justice si respectée qu'en 1264, Henri III d'Angleterre, son fils Edward et Leicester, remettaient d'un commuu accord entre les mains de notre roi le règlement des dissentions que les édits d'Oxford avaient fait naître... Quels souvenirs! quels enseignements!... Nous laisserons tout cela pour ne parler que de notre château.

Dès 1214, Jean-sans-Terre, quelque temps possesseur de notre ville, avait rétabli ses murs et les avait même portés au delà de la Maine. Mais, après sa fuite, décidée en partie par le non-succès du siège du château de la Roche-aux-Moines, son œuvre fut démolie.

Louis IX âgé de 15 ans (1230) et depuis moins de quatre années sur le trône, fut obligé de venir dans notre contrée pour y combattre l'ambitieux Pierre Mauclerc, duc de Bretagne et Henri III, roi d'Angleterre, qui s'étaient unis contre lui et contre Blanche de Castille, sa mère.

C'est à cette époque que fut construit notre imposant château, édifice qui trouvera plus loin sa description, mais dont nous devions dès ce moment indiquer la noble origine. Quelques auteurs, toutefois, pensent que ce château aurait été commencé sous Philippe-Auguste, mais, sans nul doute, achevé sous saint Louis.

A la même époque notre ville prit un aspect nouveau. Le temps de Foulques-Nerra était déjà loin. L'Anjou s'était acquis une renommée d'urbanité et de science, éclatante surtout depuis qu'il voyait s'allier aux joyaux de la couronne d'Angleterre l'humble rameau de ses campagnes (de 1228 à 1252). Louis IX ne pouvait négliger la capitale d'une telle province et il fit achever notre troisième enceinte.

Cette enceinte dont tout Angevin, âgé aujourd'hui d'une cinquantaine d'années, pourrait encore donner la description, était formée d'un mur très élevé, pourvu de créneaux et de machicoulis et bordée d'un fossé d'environ 90 pieds de largeur sur près de 40 de profondeur. Elle était séparée par la Maine en deux inégales parties. La portion située sur la rive gauche avait environ 1100 toises ou un peu plus de 2 kilomètres 1/2 d'étendue, était flanquée de 24 tours rondes et avait six portes nommées portes Toussaint, Saint-Aubin, Saint-Jean, Grande (ou Porte-Neuve), Saint-Michel et Cupif. L'autre portion, qui renfermait le quartier de la Doutre (d'*oultre*-Maine), n'avait qu'environ

1 kilomètres 1/2 de développement, était flanquée de 19 tours et ne comptait que deux portes, la porte Saint-Nicolas et la porte Lyonnaise. Que sont devenus ces remparts noirs et menaçants devant lesquels vinrent encore, en décembre 1793, échouer les efforts de l'armée vendéenne ?

Lorsque, le 11 août 1808, Napoléon et l'Impératrice Joséphine arrivèrent à Angers, venant de Nantes où ils avaient appris la désastreuse capitulation signée le 22 juillet à Baylen, M. de la Besnardière, maire, pria l'Empereur d'accorder aux Angevins la permission de démolir leurs tristes murailles déjà fort endommagées. Ce vœu, déjà exprimé dans une séance du conseil municipal tenue le 28 septembre 1806, fut approuvé, mais n'obtint que peu à peu sa réalisation. Les murs de la porte St-Aubin subsistaient lors de l'entrée à Angers du duc d'Augoulême, en 1814, et nous voyons encore la sentinelle prussienne faisant, en 1815, sa faction sur le pont donnant accès à la Porte-Neuve. Aujourd'hui, cette sombre bordure est devenue pour notre ville une ceinture brillante. La *ville noire* cesse de mériter son ancien surnom : de blancs et joyeux hôtels ont remplacé les vieux créneaux, et de riants jardins étalent leurs mille fleurs au lieu où des ronces séculaires se disputaient les talus à demi éboulés des fossés. En un mot, pour suivre à peu près complètement le périmètre de notre troisième enceinte, il suffit de parcourir nos boulevards.

Louis IX nomma son frère Charles Ier comte d'Anjou et du Maine et lui donna l'investiture. Libre ainsi de l'Angleterre, notre province redevint purement française. Nous faut-il suivre ce prince aventureux en Sicile (1265), le voir conquérir ce royaume sur Mainfroy, fils bâtard de Frédéric II, empereur d'Allemagne, doter Naples de son Château-Neuf et d'autres édifices qui y conservent notre nom, se faire couronner à Rome roi de Jérusalem, dignité dont ses successeurs ont toujours gardé le titre et les armes, moyennant la cession des droits de Marie d'Antioche en échange d'une pension de 4,000 livres assignée sur le comté d'Anjou, courir à Tunis (1270) pour n'y plus trouver que le corps inanimé de saint Louis, puis, enfin, voir une affreuse réaction répondre à sa conquête et entendre, à la voix de Procida, sonner le terrible tocsin des Vêpres Siciliennes (1282)? Nos regards ne se portent pas si loin et nous nous bornerons à dire que ce prince s'est montré favorable à l'étude des lettres, déjà florissante à Angers.

Dès l'an 1051, le clergé de notre cathédrale avait élevé, sous l'invocation de saint Maurice, un collége où l'on donnait l'enseignement, non-seulement aux clercs, mais aussi à la jeunesse laïque. Deux autres écoles s'étaient bientôt fondées. A l'une d'elles professa le fameux Bérenger, plus tard hérésiarque, et il eut pour disciple saint Bruno, fondateur des Chartreux. Quelques monastères de l'Anjou formaient également des disciples, et M. Guizot nous apprend, dans une notice sur Suger, que cet illustre abbé-ministre acheva vers 1100, ses humanités au couvent de Saint-Florent, près de Saumur.

Or, nous le répétons, au sein de son éphémère prospérité, Charles Ier n'oublia pas nos écoles, et bientôt, (1289) son fils Charles II, surnommé le *Boiteux*, leur accorda de précieux priviléges.

Celui-ci étant mort près de Naples, son gendre, Charles de Valois, fils puiné du roi Philippe-le-Hardi et père de Philippe-le-Bel, accorda à notre université des priviléges nouveaux (1290).

Il en fut de même sous notre comte Philippe de Valois (1329) bientôt appelé au trône de France, et, même, de l'infortuné roi Jean, fils du précédent, vaincu à Poitiers et emmené captif dans cette cité de Londres où avaient régné les comtes d'Anjou, ses prédécesseurs.

Sous le gouvernement de Charles de Valois, l'Anjou avait été érigé (1297) par Philippe-le-Bel en comté-pairie. Réuni de nouveau à la couronne par l'accession au trône de Philippe de Valois, puis de Jean, il fut constitué (1356) par celui-ci en apanage souverain, avec le Maine, à Louis Ier, son deuxième fils. Le Dauphin Charles, plus tard devenu Charles V, ayant la lieutenance générale du royaume pendant la captivité du roi Jean, érigea en duché-pairie la province concédée à son frère Louis Ier (1360), qui devint ainsi notre premier duc héréditaire.

Le même roi, la première année de son règne, donna (1364), sur la demande du duc Louis, son frère, des lettres-patentes accordant à notre université les mêmes priviléges que ceux concédés à celle d'Orléans. Le roi s'exprime ainsi en parlant de notre ville : « An-

» gers, source intarissable de toutes sortes de sciences, » produit depuis longtemps par une fécondité natu- » relle, des hommes d'excellent conseil, qui se sont » répandus dans les différentes parties du monde.... »

Ainsi constituée, ainsi aidée par presque tous les souverains qui se sont succédés jusqu'à Louis XV, notre université ne pouvait manquer de s'étendre et d'atteindre aux plus brillantes destinées. Bientôt, sa renommée fut immense. En 1575, elle comptait huit professeurs en droit. En 1585, elle se composait de dix nations, dont l'une était formée par les étudiants venus d'Allemagne. Ce nombre fut plus tard réduit à six nations et demeura ainsi fixé jusqu'à la Révolution. Aux conciles de Pise (1408), de Constance (1415), de Bâle (1451), elle eut la préséance sur les universités de Montpellier et d'Avignon. Plus tard, elle reçut le droit de conférer des grades, non plus seulement dans la faculté de droit civil et canonique, mais aussi dans celles de théologie, de médecine et des arts.

Pendant que se réalisaient ces heureuses améliorations, la France ne cessait de combattre, et de combattre vainement la puissance anglaise, envahissant chaque jour quelque partie nouvelle de son malheureux territoire : l'Anjou, tout en portant, comme tant d'autres contrées, sa part de ce fléau, trouvait une autre cause d'épuisement dans les efforts sans cesse tentés par ses ducs pour ressaisir cette ombre décevante de la royauté de Naples.

Louis Ier paya ce double tribut. Après avoir jadis combattu sans succès près du roi Jean son père, à la désastreuse bataille de Poitiers, il s'unit à Duguesclin et vainquit le duc de Lancastre (1370) dans les plaines de la Guyenne. C'est à la même époque que Duguesclin passa par Angers, après avoir remporté, uni à Clisson, la célèbre victoire de Pontvallain sur les bandes formidables commandées par Robert Canolle.

Dix ans plus tard environ, le duc se rendit à Naples pour porter secours à Jeanne Ire. Epuisé de ressources, il mourut désespéré près de Bari. Son corps, apporté en Anjou, fut déposé dans l'église Saint-Maurice (1384), où aucun de ses prédécesseurs n'avait été inhumé encore.

Louis II, qu'il avait eu de Marie, fille de Charles de Blois, lui succéda à l'âge de huit ans.

Le premier soin de la reine-mère fut d'emmener son jeune fils en Provence, puis en Italie et, à force de persévérance, de le faire couronner roi de Naples, à Avignon, par le pape Clément VII (1390). Le roi Charles VI était présent à cette solennité, qui ne donna encore à notre duc qu'un titre sans bénéfice ni possession réelle. Il y eut entrée solennelle à Naples, mais bientôt aussi retour en Anjou. C'est à cette époque que Louis II épousa Yolande d'Aragon. princesse du sang espagnol, dont le nom sera toujours cher à notre contrée. Yolande habitait le château d'Angers. Elle a fait construire, dans la principale cour de cet édifice, une charmante chapelle en style ogival, qui, devenue étrangère au culte, mais ornée encore de ses écussons et d'une partie de ses peintures, forme aujourd'hui une riche salle d'armes.

On se souvient que la chapelle de l'Esvière, monastère fondé par Geoffroy-Martel, a été également reconstruite par Yolande d'Aragon. Nous dirons, en parlant de ce lieu, à quelle circonstance on attribue l'idée de cette réédification.

Louis II mourut à Angers (1417) et fut, comme son père, inhumé dans la cathédrale. Charles VI assista à ses obsèques.

Louis III n'avait que 13 ans lorsqu'il fut appelé au gouvernement de l'Anjou. Le premier soin de la princesse Yolande sa mère, fut de faire réparer les murailles de la ville, en ruines sur plus d'un point, à l'aide d'une contribution du dixième du loyer de toutes les maisons, que supportèrent les habitants, sans en excepter le clergé.

Jamais, on le sait, la nécessité de semblables travaux ne s'était montrée plus urgente. L'Anjou était plus que jamais ravagé par les Anglais. La folie du roi Charles VI, survenue (1392) au moment où ce prince se rendait dans notre ville pour gagner la Bretagne et tirer vengeance de l'odieux Pierre de Craon, qui, le 16 juin précédent, avait tenté d'assassiner, à la sortie de l'hôtel Saint-Paul, le connétable Olivier de Clisson, avait achevé de paralyser en France toute force d'ensemble pour résister à l'ennemi. En vain Duguesclin et Clisson avaient porté sur chaque partie du territoire la protection de leur puissante épée : l'Anglais était partout et ses bataillons avaient tenté de s'emparer de notre cité (1420). Déçus dans leur attente, ils s'étaient retirés à Beaufort-en-Vallée. Ils y apprirent que Garin, seigneur de Fontaines, près du Puy-Notre-Dame, La Fayette, Narbonne, Ventadour et Bukam, à la tête de ses Ecossais, étaient réunis près du Vieil-Baugé. S'ébranlant aussitôt, sous la conduite du duc de Clarence, les Anglais vinrent livrer aux défenseurs de l'Anjou (1421) cette fameuse bataille du 22 mars, digne prélude des combats dans lesquels l'héroïque Jeanne d'Arc devait bientôt guider les vengeurs de la France outragée. Clarence reçut du seigneur de Fontaines ce mortel coup de lance que la statuaire a récemment reproduit (1) et qui forme un des populaires souvenirs de notre province. Les Anglais furent taillés en pièces et leur sang fit, assure la *tradition*, tourner pendant trois jours les moulins à eau du Vieil-Baugé. Par un suprême effort, la monture du général anglais fixa et laissa ses fers dans une pierre, scellée depuis à la crête d'un fossé, près du champ de bataille. C'est sous notre duc Louis III que se passèrent ces faits glorieux dont on ne saurait trop conserver l'utile mémoire, dût-on, comme au Vieil-Baugé, donner au récit la forme de la légende,

Ils étaient à peine accomplis lorsque notre duc, auquel Jeanne IIe avait, par une adoption définitive, transmis la couronne de Naples, se rendit en Italie pour y soutenir ses droits contre Alphonse V d'Aragon. Victime, à son tour, de cette brillante et pernicieuse chimère d'une royauté lointaine, il mourut (1434) à Cosenza, sans laisser de postérité. Son corps y fut inhumé et son cœur, apporté en France, fut placé, comme le

(1) Statuette de Marochetti.

dit notre vieux chroniqueur Bourdigné, dans la cathédrale « au sépulchre accoutumé de ses prédécesseurs. »

Pendant sa campagne d'Italie, sa vieille mère Yolande avait administré sagement la province et veillé avec soin sur les intérêts de notre université. Elle survécut encore neuf ans à Louis III et, en 1445, fut inhumée à Saint-Maurice.

Le successeur de Louis fut son jeune frère René, nommé ordinairement le Roi René, parce qu'en mourant, Jeanne II lui avait transmis par son testament le royaume de Naples.

Nous ne pouvons manquer d'arrêter un instant les regards du lecteur sur ce nom populaire, sur ce prince qui, après avoir connu la guerre et la captivité, trop malheureux dans son ambition pour rester ambitieux, se vit tour-à-tour dépouillé de ses possessions ou de ses espérances et ne garda intact qu'un privilége, celui de se consoler par les arts et par les bienfaits.

C'est au château d'Angers, dans le bâtiment orné de tourelles à fuseaux, formant aujourd'hui l'entrée de la prison, que René avait pris naissance (Juillet 1408). Le nom de *Tiphaine,* nourrice dévouée aux soins de laquelle le confia Yolande d'Aragon, sa mère, doit être conservé, parce que lui-même a pris soin de le consacrer dans ses écrits reconnaissants.

A 12 ans, il épousa, à Nancy, Isabelle de Lorraine, et fut institué héritier du duché de Bar. Bientôt, il ceignit l'épée, se plaça sous les étendards de Charles VII, combattit les Anglais, et assista à Rheims au couronnement de ce monarque (1429).

La mort de Charles II, duc de Lorraine, son beau-père, ayant laissé cette province à Isabelle, il se trouva à l'âge de 22 ans, maitre de ce duché et de celui de Bar. Mais le premier lui fut contesté par Antoine de Vaudemont, que soutenait le duc de Bourgogne. Charles VII intervint en faveur de René. Les armes ayant été appelées à décider la querelle, René fut vaincu à Bulgneville et emmené à Dijon, prisonnier du duc de Bourgogne. Sa captivité, quelque temps interrompue, ne cessa complétement qu'en 1436, moment où il vint prendre possession de son duché d'Anjou.

Ici se place une expédition à Naples, ce sacrifice imposé à tous les princes de la maison d'Anjou-Sicile. René part à la fin de novembre (1437) pour Arles, Aix et Marseille, puis, après être monté dans cette ville sur une flotille génoise, il débarque au mois de mai (1438) devant Naples, la couronne en tête et le sceptre à la main. Le 9 août, il part pour une expédition dans les Abruzzes, s'empare d'Aquila, puis deux fois est obligé de se replier sur Naples que menace Alphonse d'Aragon. Il est enfin forcé de s'enfermer dans cette place dont il soutient le siége avec la plus grande valeur, au milieu des privations et des dangers que la défection lui cause. Le 5 juin (1442), la trahison indiqua aux ennemis un passage souterrain, et Naples succomba malgré les efforts héroïques de notre duc, qui revint en France.

Sa mère, Yolande, était sur le point de mourir au château de Saumur. Elle ne put être témoin d'un acte bien important, dont son cœur eût été fier et dont l'accomplissement fut regardé comme assurant enfin une paix durable avec l'Angleterre. Henri VI, qui avait cru la couronne de France pour toujours fixée sur sa tête, vaincu, chassé et privé depuis quelques années de l'épée formidable du duc de Bedford, fit demander par Suffolk la main de Marguerite, fille de René. Le mariage fut célébré à Tours (1444) et renouvela ainsi, entre l'Anjou et l'Angleterre, ces liens que Geoffroy-Plantagenet avait noués trois siècles auparavant. Mais ici encore, l'espérance de René fut déçue. Les historiens, les romanciers et les poètes ont dit les malheurs qui accablèrent l'héroïque Marguerite d'Anjou, après que la guerre fatale des Deux-Roses eut eu pour résultat la défaite de Henri de Lancastre, son mari. Retirée au château de Dampierre, près de Saumur, elle y mourut en 1482.

Vers 1446, le roi René, fatigué de la guerre et de la diplomatie, affligé par la double perte de sa mère Yolande et d'un fils, Louis d'Anjou, voulut se délasser et se consoler en se livrant à la peinture et à la poésie, et en remettant en honneur les jeux de l'ancienne chevalerie. Il donna, près de Chinon, un premier pas d'armes dit l'*Emprise de la Gueule du Dragon* et fut frappé pendant cette fête brillante, des grâces de Jeanne de Laval, alors âgée de 15 ans seulement, dont il garda le souvenir et qu'il épousa deux ans après la mort d'Isabelle de Lorraine, survenue en 1455. Il fit bientôt célébrer à Saumur un second pas ou tournoi, nommé l'*Emprise de la Joyeuse-Garde*, (1447) dont l'éclat fut immense.

Bientôt il institua un ordre de chevalerie, dont la devise, inscrite au-dessous d'un *croissant,* portait en lettres bleues ces mots : Loz (louange) en *croissant.* C'était bien là le langage subtil, l'euphémisme du temps, cette recherche de *rebus* qui faisait sculpter des *cherdons* (chardons) dans les chapelles bâties à l'occasion des mariages, afin de rappeler le *cher don* que ce jour on avait reçu. Le long manteau de velours rouge fourré d'hermine, qui formait, pour les princes, l'habit de cet ordre, se voit encore dans presque tous les dessins ou statues qui représentent notre ancien duc d'Anjou. De si longs souvenirs sont peu en rapport avec le peu de durée de l'institution que, dès 1460, le pape Jules II interdit pour délier de leur serment de fidélité, au roi René, les chevaliers napolitains, dont l'appui, donné à Ferdinand d'Aragon, devait mieux favoriser ses intérêts.

Visitant de nouveau sa chère Provence, René se rendit à Aix, à Marseille, à Arles, à Tarascon et fit, dans ce dernier lieu, exécuter un pas d'armes pastoral, où les *tenants* étaient vêtus en bergers. Les belles Provençales regrettèrent vivement de voir finir ces *emprises* galantes, si l'on en croit ce que nous dit gracieusement Louis de Beauvau :

« Là, veissiez de ces doulx cœurs saillir
» Dont je vis tressaillir
» Une à qui cuida (pensa) le cœur faillir
» Au dire adieu !

A peine revenu à Angers, René se rendit près de

Charles VII auquel les Anglais venaient de déclarer de nouveau la guerre, guerre funeste pour eux, car ils y perdirent la Normandie et la Guyenne. Il figura en équipage splendide à l'entrée du roi dans la ville de Rouen, le 11 novembre 1449. Bientôt il fit un nouveau voyage en Provence où la peste s'était déclarée, et revint près d'Isabelle de Lorraine qu'une maladie incurable avait atteinte. Les chroniques nous dépeignent cette princesse comme pieuse et dévouée aux tendres soins de la famille. René, pour lui procurer un lieu de riante promenade et, en même temps, pour accomplir un vœu dont son rétablissement était l'objet, fit bâtir sur un rocher baigné par la Mayenne et parfaitement en vue d'Angers, un couvent qui forme aujourd'hui une gracieuse maison de plaisance. Comme il se trouvait en ce lieu une grotte renfermant une image de Sainte-Madeleine vers laquelle le voisinage venait faire des neuvaines, René nomma, en mémoire de la sainte Baume de Provence, le nouvel ermitage, petite Baume, ou *Baumette*. Devenu maison de Cordeliers, puis de Récollets, cet asile a été habité pendant quelques mois par cet écrivain des œuvres duquel on peut dire, comme Esope à propos des langues, tant de bien et tant de mal, par l'inimitable Rabelais.

Les vœux de notre prince ne furent pas exaucés. Isabelle mourut le 28 février 1452. René alors ne cessa d'employer toutes les ressources de sa poétique imagination pour exprimer sa douleur. Il peignait, en souvenir de celle qu'il avait perdue, des cœurs brûlants, avec ces mots : *d'ardent désir*, puis les entourait d'un chapelet de patenôtres, en ajoutant : *dévot lui suis.* Il repoussait les consolations offertes par cette devise imitée de Pétrarque : *Arco perlentare piaga non sana* (Relâcher l'arc ne guérit pas la plaie). Mais il n'avait que 45 ans ; il lui sembla qu'après avoir été fidèle à un premier amour, il pouvait espérer un nouvel avenir de tendresse et, toujours rempli du souvenir de la charmante Jeanne de Laval, il l'épousa le 10 septembre 1445, à l'église de l'abbaye Saint-Nicolas de notre ville. Jeanne de Laval, cette *reine de Sicile,* dont le souvenir est resté populaire, parcourut avec René les diverses parties de la province, se montrant en tous lieux aussi bienfaisante que son époux.

Hélas ! l'affection si méritée qu'ils avaient inspirée aux Angevins devait bientôt se changer en regrets.

Tant que Charles VII avait régné, René, son beau-frère et, surtout son ami dévoué, avait tranquillement joui de son duché d'Anjou ; mais, à la mort de ce prince, l'astucieux Louis XI ne tarda pas à jeter un regard de convoitise sur notre province. Déjà, il avait marqué à René, son oncle, du mauvais vouloir parce que celui-ci n'avait pas arrêté dans sa marche un parti de Bretons (1465) qui allait se joindre aux Bourguignons. Neuf ans plus tard, Louis XI se met en campagne avec une nombreuse armée pour aller combattre le duc de Bretagne François II, arrive à Angers, prétend que René est l'allié des Bretons, feint une grande colère et, se présentant au château, somme le gouverneur de lui remettre ses clefs (1474). Aucune demande n'était plus imprévue : toute résistance était impossible...

René était à son château de Baugé lorsqu'il apprit la présence du roi son neveu dans notre ville. Il voulut d'abord monter à cheval pour venir lui faire fête, mais, la vérité lui ayant été dévoilée : « Le roy, dit-il, n'aura » point de guerre avecque moy...... car mon âge ne » s'adonne plus aux armes. Jà longtemps que j'ai » proposé de vivre le reste de ma vie en paix et repos » d'esprit et le feroy s'il m'est possible. »

Il tint parole et, quittant Baugé, alla se réfugier à Aix, où, sur cette promenade que Walter Scott nous a dépeinte dans *Charles-le-Téméraire*, sur cette haute terrasse que les habitants nommaient sa *Cheminée*, il eut pour consolation la présence de Jeanne de Laval et de l'héroïque Marguerite, et appela plus que jamais à son aide la musique, la peinture et la poésie. L'ambition de Louis XI le poursuivit encore dans cette retraite; tantôt menaçant, tantôt affectueux et flattant René par des dons conformes à ses goûts, il décida le débile vieillard à léguer son comté de Provence à Charles, comte du Maine, comme lui neveu de René, sachant très bien, dit notre compatriote Bodin, comment il se ferait mettre à la place du comte, ce qui, en effet, ne tarda pas à s'accomplir.

René mourut à Aix le 10 juillet 1480. Son cœur, que les Provençaux ne voulaient pas d'abord permettre de leur enlever, ne fut apporté à Angers que l'année suivante (1481); déposé d'abord aux *Cordeliers*, dans la chapelle que notre duc avait fait élever à saint Bernardin, patron de son confesseur, il fut inhumé en grande pompe, à Saint-Maurice, près de la tombe d'Isabelle de Lorraine. En 1482, Marguerite d'Anjou, en 1498, enfin, Jeanne de Laval, morte à son château de Beaufort, vinrent prendre place dans le même caveau! Sous une seule dalle, que d'amour, de puissance, de poésie, d'héroïsme et de douleur!

Ce peu de mots sur la vie de notre duc René suffit, sans doute, pour faire apprécier son caractère, dont Walter-Scott ne nous a dépeint que les dernières faiblesses. Généreux, plein de courage, avant tout bon au peuple et secourable pour tous, ce prince n'a pas su joindre à sa hardiesse et à son énergie une continuité de volonté, une persévérance d'efforts toujours nécessaires pour arriver à de grands et féconds résultats. Mais, sur combien de points son nom rappelle le progrès des arts et des créations qui ont à jamais fixé le souvenir de notre contrée?

Instruit dans la science de la composition musicale et, surtout, passionné pour l'art de la peinture, dont les célèbres Van-Eyck et Jean de Bruges lui avaient, dit-on, donné les premières leçons, il dut recevoir une grande impulsion vers les créations artistiques et littéraires, de son séjour à Naples dans un temps où le Dante et Pétrarque avaient doté l'Italie de leurs chefs-d'œuvre, où, bientôt, Léonard de Vinci devait peindre cet ange dont son maître Verocchio devait se montrer jaloux, et Pérugin préparer ses pinceaux pour enseigner Raphaël. Aussi, tout en créant des miniatures, en enluminant richement des manuscrits et, surtout, en écrivant ou rimant ses œuvres poétiques et galantes, René aima la sculpture et développa dans l'Anjou le goût de ce style ogival qui, par la finesse de ses ornements, s'élançant en flammes vacillantes ou se repliant en feuilles légères, a mérité le double surnom de *panaché* et de *flamboyant*.

Instruit, assure-t-on, dans la science du calcul, comme dans celles de la théologie et de la jurisprudence ; connaissant, de plus, le latin, l'italien, le grec, l'hébreu et le catalan, il ne se borna pas à former des bibliothèques, telles que celle de Beaufort-en-Vallée : il fit des règlement utiles sur la procédure et les impôts, favorisa l'agriculture, réorganisa la juridiction des prud'hommes pêcheurs de Marseille, instituée dans le Xe siècle ; favorisa l'exploitation des mines et la fabrication du drap, et fonda, près d'Apt, une verrerie célèbre, en déclarant par édit que les gentilshommes provençaux ne dérogeraient pas en exerçant de ce genre d'industrie.

A Baugé, outre le château dont plusieurs parties portent le cachet de son époque, il avait bâti la chapelle du *Petit-Mont,* aujourd'hui détruite, dans laquelle les émissaires chargés de lui annoncer la perte de sa province d'Anjou le trouvèrent, dit-on, peignant une bartavelle, cet oiseau brillant, ce met délicieux, dont on doit à ses soins l'introduction dans notre pays.

Le couvent si pittoresque de la Baumette, une des chapelles de notre cathédrale, la nef restaurée de l'église de St-Martin doivent entr'autres nombreuses constructions, conserver dans notre cité le souvenir de ce prince. Mais c'est surtout au temps de la procession du *Sacre* et de la *Charibaude* de Saint-Pierre que ce souvenir se réveille parmi nous : les torches, les violons, les accessoires bizarres de la pieuse cérémonie ont été institués par René avant qu'il ne songeât à inventer les personnages si étranges de la procession d'Aix. Dans un manoir élevé par lui au milieu des pêcheurs du canton de Reculée, il avait créé sous le nom de *Roi des Gardons*, un président à cette humble confrérie, et lui avait donné pour privilége d'allumer, en compagnie de la plus jeune mariée de l'année, le feu de joie traditionnel qui réjouissait tout le canton.

Tel fut notre prince : il n'a pas mérité l'épithète de *Grand*, mais il est pour tous, et à juste titre, le *Bon* roi René. David, ce sculpteur dont la célébrité rejaillit sur nous, nous a donné deux fois son image. La première de ces statues représente René vieux et portant, avec le sceptre, le manteau et les insignes de l'ordre du Croissant : c'est déjà René dépossédé. C'est véritablement René réfugié à Aix. La seconde, réalisation d'une noble et généreuse pensée de M. le comte de Quatrebarbes, nous montre bien notre jeune duc, le combattant de Charles VII, le valeureux et galant chevalier des *emprises*, ceint de l'épée, mais ayant près de lui la plume et les pinceaux qui devront calmer ses peines ou ennoblir ses loisirs. Douze statuettes de bronze représentant les principales gloires de la contrée doivent se grouper autour de lui. Si vous demandez où se trouve ce monument, nous vous répondrons que la statue est déposée provisoirement au milieu du jardin fruitier et que les douze statuettes errent tout étonnées sur les hauts rayons de la bibliothèque de la Société d'agriculture. O cité angevine! Foulques-Nerra est mort : mais il nous semble qu'il n'est pas besoin d'un *grand édificateur* pour mettre en lumière un monument aussi vivement appelé par les vœux de tous!

L'Anjou, ainsi réuni à la couronne, n'en fut plus séparé ; il eut des gouverneurs qu'elle nommait et devint l'apanage des princes.

Mais, s'il cessait de vivre, pour ainsi dire, de sa vie propre, son nouveau possesseur la dota d'une institution qui devait profondément modifier ses mœurs et l'aspect même de sa principale cité.

La création des communes, hâtée dans une partie de la France par divers rois et, notamment, en 1315, par Louis le Hutin, était à peine, à la fin du XVe siècle, ébauchée dans notre contrée, tandis que dès le XIIe siècle, notre comte Henri II, roi d'Angleterre, avait donné aux habitants de la Rochelle une charte de commune au nom d'Aliénor, sa femme, duchesse d'Aquitaine. Quelques habitants se bornaient au XVe siècle à se rassembler, de temps en temps, dans une salle située au-dessus de l'ancienne porte Chapelière, pour y traiter des affaires que le duc d'Anjou avait pu leur confier. Il y avait bien loin de là, on le comprend, non-seulement aux institutions municipales qui bientôt se développèrent, mais même aux anciens droits municipaux que les Romains avaient donnés à Juliomagus.

Au mois de février 1474, Louis XI donna notre charte municipale accordée, dit le préambule, en reconnaissance de la fidélité que les habitants d'Angers avaient montrée à la couronne pendant la Ligue du *Bien public*.

Il est probable qu'en faisant cette concession, l'astucieux monarque avait moins en vue notre félicité que l'utilité, d'une part, d'apaiser en Anjou les regrets nés de l'expulsion du roi René; d'une autre, d'affaiblir la puissance des seigneurs de son nouveau duché, en élevant près d'elle une puissance rivale qu'il se réservait, sans doute, de modérer au besoin à l'aide de quelque subterfuge. Le bienfait n'en fut pas moins acquis et, bientôt, notre ville prit possession de ses nouvelles armoiries, conservées encore de nos jours, et composées d'un écu ayant champ de gueules (rouge) avec une clef d'argent en pal, et deux fleurs de lys d'or sur un chef d'azur, « Qui est assez, dit Bourdigné, pour montrer que la bonne ville d'Angers est l'une des clefs » du très chrestien royaulme de France. » De fait, la situation de notre ville aux portes de la Bretagne et de l'Aquitaine, les siéges nombreux qu'elle a eu à soutenir contre les Bretons et les Normands, semblent lui avoir dès longtemps mérité le titre inscrit sur son blason.

Sans reproduire tous les détails héraldiques des armoiries que posséda précédemment notre province, nous rappelerons que les comtes ingelgériens portaient d'azur au chef de gueules, et que, sous Charles Ier, frère de Louis IX, l'écu eut un champ d'azur semé de fleurs de lys d'or sans nombre, avec un lambel pour brisure et trois pendants de gueules. Sous Charles VI, les fleurs de lys sans nombre de l'écu de France furent réduites à trois. Celles de l'écu d'Anjou éprouvèrent la même réforme, mais la brisure, qui était un lambel, fut remplacée par une bordure de gueules.

Par la charte de Louis XI, la noblesse fut accordée aux officiers municipaux, savoir : aux *maire, sous-maires, échevins, conseillers*, etc..., leur attribuant, pour eux et *leur postérité* les priviléges, franchises et libertés « dont jouissent, usent et ont accostumez de » joïr et user les autres nobles du royaulme, avec pou- » voir de parvenir à l'état et ordre de chevalerie, si » bon leur semble, et d'acquérir fiefs, juridictions, » *terres et seigneuries nobles et noblement tenues.* »

Cette dernière disposition eut pour résultat de déterminer un certain nombre de familles nouvellement anoblies à acheter des terres dont elles joignirent fastueusement le nom à celui de leurs ancêtres, de sorte qu'au bout de peu d'années, il fut très difficile en Anjou de distinguer des maisons titrées depuis longtemps. ces personnages, que les anciennes familles appelaient nobles de *clapier,* par allusion à l'exiguité de leurs possessions, ou nobles de *cloche,* en souvenir du signal qui annonçait le commencement des réunions municipales. Mais, d'un autre côté, cette accession à l'aristocratie des sommités de la classe bourgeoise, eut le grand avantage de couvrir nos campagnes d'élégants manoirs et surtout d'orner notre ville de ces beaux hôtels, parmi lesquels nous citerons seulement le logis Barrault (aujourd'hui le Musée), et le logis de Pincé (rue Haute-du-Figuier) : riches constructions par lesquelles les nouveaux anoblis semblaient vouloir accorder leur demeure avec leur dignité. A la même époque, qu'on le remarque, certaines constructions donnant droit, par leur importance, à des priviléges et exemptions, les roturiers voulurent avoir *pignon sur rue,* mots qui aujourd'hui encore indiquent le solide établissement d'une famille et créèrent ces charmantes fantaisies qui, comme la maison Adam (place Neuve), et la maison Abraham (angles des rues Saint-Laud et Saint-Georges) n'ont jamais cessé d'attirer les regards, ou d'exercer le crayon du voyageur.

L'institution de Louis XI épouva sous Charles VIII, Louis XIV et Louis XV, plus d'une modification dont le résultat fut presque toujours l'offre au roi de sommes importantes pour le rachat des priviléges jusque-là gratuitement concédés. D'abord nommés par le suffrage de leurs concitoyens, les maires furent, à partir de 1655, nommés par le roi. Quatorze ans plus tard, Louis XIV enleva la noblesse à nos maires parce que la plupart de ces officiers ne pouvaient faire la dépense convenable pour soutenir leur dignité; mais, en 1675, le titre fut rétabli seulement pour les maires élus deux fois et ayant exercé quatre ans, avec défense à eux et à leurs descendants de déroger par des actes de commerce, et obligation pour eux de déclarer qu'ils voulaient vivre en *nobles*.

Le premier des magistrats que nous ait donnés l'institution de Louis XI est Guillaume de Cerizay, celui auquel le roi remit le commandement de l'Anjou au moment de son usurpation; le dernier, Charles-Félix Claveau, nommé le 26 juillet 1785 et continué dans ses fonctions, le 1er octobre 1787, par brevet du comte de

Provence (depuis Louis XVIII), prince apanagiste de l'Anjou.

Depuis Louis XI jusqu'à la révolution de 1789, notre ville a offert plus ou moins longtemps (1498) l'hospitalité à Louis XII, qui s'y est trouvé avec César Borgia, vil bâtard du pape Alexandre VI et frère de cette Lucrèce Borgia dont Victor Hugo nous a montré l'horrible vie. César habitait le logis Barrault, à peine achevé.

François Ier vint pendant plusieurs jours visiter en grande pompe, Louise de Savoie, sa mère, qui affectionnait beaucoup notre contrée, l'habita longtemps, et s'était fait construire (1518) au dessus des deux tours protégeant l'entrée de notre château, un élégant donjon et une petite chapelle, aujourd'hui détruits.

Charles IX et Catherine de Médicis, sa mère, sont entrés par la porte Saint-Nicolas à Angers (1565) où le frère du roi, depuis Henri III, et le chevalier de l'Hospital les avaient précédés.

Il est à peine besoin de mentionner Henri III qui, avant de devenir roi de Pologne, puis roi de France, était duc d'Anjou et habitait, près de la Basse-Chaîne, un hôtel connu encore de nos jours sous le nom de *Maison du roi de Pologne*. Ce prince, on l'a remarqué bien souvent, sembla, en quittant le titre qui l'attachait à notre province, perdre peu à peu toutes les vertus de sa jeunesse (vers 1568) et, comme l'a dit l'auteur de la *Henriade*,

> Devenir lâche roi d'intrépide guerrier.

Henri III regardant notre château, sans cesse inquiété pendant les guerres de religion, comme une cause perpétuelle de collisions plutôt que comme un gage de sécurité, ordonna de le démolir. On commença à abattre toutes les tours, à l'exception de celle du nord qui subsiste encore aujourd'hui et que l'on respecta parce qu'elle portait un moulin (1589). Heureusement, d'autres idées survinrent et la destruction s'arrêta au moment où la muraille même allait être entamée. Le château est resté dans cet état.

Le 7 mars 1598, Henri IV est arrivé à Angers et a été reçu, rue Saint-Michel, à l'hôtel de Lancreau. Le 5 avril suivant, il signait, au château d'Angers, le contrat de mariage de César de Vendôme, fils naturel du roi et de Gabrielle d'Estrée (1598), légitimé en 1595, avec la fille de Mercœur, duc de Bretagne. Ce trait de plume devait mettre fin aux guerres si désastreuses entre catholiques et huguenots et préludait à la signature du fameux édit de Nantes, donné le 15 du même mois. Henri IV renouvela l'ordre, resté encore inexécuté, de démolir le château.

Marie de Médicis avait reçu de son fils Louis XIII le gouvernement de l'Anjou. Le 16 octobre 1619, elle fit dans notre ville une entrée solennelle, dont tous les détails, toutes les inscriptions ont été conservés, et en mémoire de laquelle fut construite (1619) une pyramide, dont la base se voyait dernièrement encore sur notre pont de pierre, après avoir été placée autrefois sur le pont des Treilles.

La fin du même siècle devait amener à Angers un pauvre souverain fugitif, Jacques II, qui, après la prise de Limmerik (1691) par les troupes de Guillaume, se rendait à Brest au devant de plusieurs milliers d'Irlandais, auxquels il avait permis de venir le rejoindre en France.

Bien qu'Angers ait nécessairement pris sa part des bons et des mauvais jours qui se sont levés pour la France sous les trois successeurs de Louis XIII; quoique notre ville ait même été, au temps de la Fronde, exposée à un siége de la part d'Anne d'Autriche (1652) qui séjournait alors à Saumur, les événements de ces trois règnes n'ont pas été assez spéciaux à notre ville pour que nous en présentions ici l'analyse.

Avant de nous occuper des renommées qui, depuis le commencement de la Révolution, ont surgi parmi nous, nous voulons rappeler quelques noms vantés dans la science et éclos au cours de la période des trois siècles que nous venons de parcourir.

Le premier nom que nous choisirons sera celui de Joachim du Bellay, né à Liré, petit bourg de l'Anjou situé près de la Loire, en face de la ville bretonne d'Ancenis (1554). Descendant d'illustres aïeux, il vit briller en même temps que lui Guillaume, Martin et Jean du Bellay, tous de sa famille, comme ils étaient de son nom. Ornement de la cour de François Ier, tous les quatre influèrent par leur mérite dans les lettres, la poésie et l'histoire ,sur cette grande époque de la Renaissance, où Léonard de Vinci écrivait dans le *Traité de la Peinture,* ses immortelles leçons, où Raphaël, après avoir adressé son *Saint-Michel* au roi, se trouvait *trop payé* et envoyait comme appoint sa *Sainte-Famille,* où, enfin, le Primatice bâtissait Chambord.

Parent du cardinal du Bellay, Joachim a passé plusieurs années à Rome et est considéré comme ayant introduit en France une composition tout italienne, le *sonnet*, dont la vogue a été si marquée et si longue. Egalement habile dans la poésie latine et dans la poésie française, alors au berceau, il a consacré la plupart de ses chants à vanter son pays natal. Il peint son âme dans ces quatre vers si connus :

« Plus que le marbre dur me plait l'ardoise fine,
» Plus mon Loyre gaulois que le Tybre latin,
» Plus mon petit Lyré que le Mont-Palatin,
» Et plus que l'air marin la doulceur angevine. »

Nommé à l'archevêché de Bordeaux, du Bellay n'eut pas le temps d'en prendre possession : il mourut (1560) à 56 ans et fut inhumé dans l'église Notre-Dame de Paris.

Contemporain de du Bellay, Jean Bodin naquit à Angers (vers 1529) d'une famille ancienne, mais pauvre, de notre province. Après avoir étudié le droit à Toulouse et plaidé à Paris avec un médiocre succès, il fut attaché à la cour de Henri III, qui avait entendu vanter sa science dans les langues anciennes, sa mémoire prodigieuse et sa vaste érudition. Desservi près du roi, il s'attacha à son frère François, duc d'Alençon, prince assez peu digne d'avoir un tel secrétaire : il accompagna même en Angleterre François, qui avait formé le vain projet d'épouser la reine Elisabeth.

Après la mort du duc d'Alençon, Bodin se retira et se maria à Laon, et le frère de sa femme lui céda la charge de procureur du roi au présidial de cette ville. C'est là qu'il fut nommé, sans l'avoir aucunement demandé (1576), député aux Etats de Blois, où il se trouva avec le célèbre Montaigne. Dans cette circonstance, il s'opposa avec énergie au projet qu'avait le roi d'aliéner une partie du domaine de la couronne. « Il remontra avec une liberté gauloise, dit Ménage, que le fond du domaine royal appartenait aux provinces et que le roi n'en était que le simple usager. » Cette proposition, très hardie pour le temps, ne choqua nullement Henri III, qui félicita même notre compatriote.

Toutefois, c'est dans ses ouvrages et non dans sa vie publique, que Bodin trouve la source de sa célébrité. Après un commentaire sur le livre de la *Chasse*, d'Oppien, poète grec du IIe siècle, et la traduction, en vers latins, de cet ouvrage, il composa son livre de la *République,* qui a été considéré comme le précurseur de l'*Esprit des Lois,* de Montesquieu. Cet ouvrage, publié avant que Grotius n'eût écrit son traité du *Droit de la guerre et de la paix,* attira sur son auteur les regards de toute l'Europe savante, fut traduit en plusieurs langues et se vit, dit Naudé, réimprimé tous les cinq ou six ans. « Ce livre, dit l'abbé Lenglet, écrivain du commencement du XVIIIe siècle, est plein des plus grands et des plus sages principes de la politique et du droit public.... »

On comprend cependant qu'une telle production ne put manquer de soulever la contradiction et la glose. Scaliger et le fameux Cujas, entr'autres, écrivirent contre son auteur, et l'on connaît l'anagramme de ce dernier : *Joannes Bodinnus.—Andinus sine bono*, lazzi insignifiant s'il s'adresse au défaut de fortune de Bodin, et évidemment menteur s'il s'adresse à son mérite.

Malheureusement, Bodin a aussi écrit sa *Démonomanie*, résumé de tout ce qu'a dit l'antiquité sur les démons et leurs prétendus agents ici-bas. Cet examen eût pu n'être que bizarre si Bodin, excité d'ailleurs par la contradiction de Jean de Wier, médecin du duc de Clèves, qui prétendait qu'il n'y avait pas de sorciers véritables, mais seulement des personnes atteintes au cerveau, n'eût soutenu, selon l'erreur trop commune alors, la réalité des maléfices, des possédés, etc., et n'eût, comme magistrat, provoqué des sentences cruelles conformes à cette désastreuse croyance.

Bodin est mort de la peste, à Laon, en 1596.

Qui ne connaît le nom de Gilles Ménage, auteur de l'histoire de Sablé, grammairien, jurisconsulte, historien, poète, antiquaire, critique, savant dans les langues grecque, latine, espagnole et italienne, nommé enfin par Bayle, le Varron du XVIIe siècle? Il naquit à Angers (1613) d'un avocat du roi au présidial de cette ville. Après s'être fait recevoir avocat par condescendance pour son père et avoir plaidé successivement à Angers, au Parlement de Paris et à Poitiers, il renonça au barreau et se livra entièrement aux lettres.

Reçu, par l'intermédiaire de Chapelain, chez le cardinal de Retz, mais bientôt brouillé avec cette éminence, il établit chez lui, cloître Notre-Dame, une réunion de littérateurs français étrangers, qui se tenait tous les mercredis et qu'on nommait par cette raison ses *Mercuriales.* Il lisait devant cet auditoire d'élite des vers composés en plusieurs langues : ses vers italiens, surtout, honorés plus tard des éloges de Voltaire, lui valurent une nomination à l'Académie florentine de la *Crusca.* Nul n'était sans doute plus digne que lui d'être appelé à l'Académie française. Mais son esprit satyrique lui avait inspiré la *Requête des Dictionnaires,* pièce de vers dans laquelle s'adressant au corps savant :

> A nos seigneurs académiques
> Nos seigneurs les hypercritiques,
> Souverains arbitres des mots,
> Doctes faiseurs d'avant-propos, etc..,.

il les blâmait de leur exclusion trop sévère et trop minutieuse de certaines locutions.

Ces vers n'étaient pas destinés à la publicité : mais, l'abbé de Montreuil les ayant fait imprimer par surprise, les portes de la docte assemblée furent pour toujours fermées à leur auteur. La reine Christine de Suède, qui, sans doute, ignorait cette circonstance, fut très étonnée, lors de son voyage à Paris en 1658, d'apprendre que Ménage n'était pas membre de l'Académie, qu'elle était allée visiter.

Ménage eut, dans une circonstance, le malheur de desservir Molière près d'un homme puissant. Molière le sut et, dans les *Femmes savantes,* il mit en scène notre compatriote sous les traits du pédant Vadius. « ....Trissotin, présentant Vadius à Bélise :

> .... « Il a des vieux auteurs la pleine intelligence
> « Et sait du grec, madame, autant qu'homme de France ! .. »

Que Ménage se fût ou non reconnu à ce portrait, il n'en dit pas moins à Chapelain, en sortant d'entendre cette admirable satyre du style forcé jusqu'alors en usage : « Nous approuvions, vous et moi, toutes les » sottises qui viennent d'être critiquées si finement et » avec tant de bon sens. Croyez-moi : il nous faudra » brûler ce que nous avons adoré et adorer ce que » nous avons brûlé. »

Outre l'*Histoire de Sablé*, Ménage a donné les origines de la langue italienne et les origines de la langue française, antérieures à ce premier ouvrage. Une multitude de pièces de vers et de prose, dont il avait charmé ses amis pendant ses *Mercuriales*, se trouve, de plus, réunie en plusieurs volumes, sous le titre de *Menagiana*. — Ménage, enfin, fut le docte maître de Mmes de Sévigné et de Lafayette.

Il est mort le 23 juillet 1692.

Parmi les jurisconsultes dont Angers s'énorgueillit, nous citerons deux noms que l'objet commun de leurs principaux travaux rend inséparables. Gabriel Dupineau et Claude Pocquet de Livonnière.

Le premier, né à Angers, vers la fin du XVIe siècle (1575) s'acquit une grande réputation par ses plaidoyers, et fut nommé conseiller au présidial de notre ville. Marie de Médicis, qui le connut lorsqu'elle arriva dans notre cité en 1619, lui témoigna beaucoup d'estime et le fit maître des requêtes de son hôtel : il eut la plus grande influence sur l'accommodement qui fut signé entre cette reine et Louis XIII son fils, l'année suivante, à Brissac. Dupineau a donné un commentaire extrêmement estimé de la coutume d'Anjou, rédigée complètement par ordre du roi René en 1461, et révisée solennellement en 1508. Nommé maire d'Angers le 2 juin 1652, il est mort dans cette ville, âgé d'environ 70 ans (1644).

Comme s'il devait survivre à lui-même, l'année 1652 lui voyait naître un continuateur dans la personne de Pocquet de Livonnière. Celui-ci, après s'être adonné tour à tour aux belles-lettres, au droit et au métier des armes, fixa son choix sur la jurisprudence, qu'il n'abandonna plus. Nommé conseiller au présidial d'Angers (1680), il s'acquit une telle renommée de savoir et de prudence, que la ville le pria de suivre pour elle à Paris plusieurs affaires importantes, circonstance qui le mit en rapport avec Louis Boucherat et le fit nommer par ce chancelier professeur en droit français.

Toujours ami des lettres, il obtint de Louis XIV la création de l'*Académie* d'Angers (1685), qui, installée le 1er juillet 1686, donna, par ses efforts constants, la plus salutaire impulsion aux études et aux travaux de notre cité. Voltaire, dans son humeur caustique, ne l'en a pas moins traitée, comme on sait, de « *fille honnête n'ayant jamais fait parler d'elle.* »

Pocquet de Livonnière fit réimprimer le savant commentaire de Dupineau et y joignit une conférence ou comparaison de chaque article de notre coutume avec les dispositions analogues des coutumes voisines. Il publia encore quelques ouvrages de jurisprudence, entr'autres un *Traité des fiefs*, des *Règles du droit français,* et mourut à Paris (1726), âgé de 74 ans, laissant sa charge de conseiller à un fils, du même prénom que lui.

Comment oublierions-nous enfin François Bernier, ce savant habile et aventureux qui, né parmi nous, partit à 29 ans pour la Syrie, l'Egypte et l'Inde, fut pendant près de 12 ans médecin du kan Danetschmed, et, le premier révéla complétement à l'Europe les richesses de la mystérieuse vallée de Cachemyr? Elève de Gassendi, il publia un abrégé de la philosophie de son maître, bientôt remplacée par celle de Descartes. Ami de Boileau, de Chapelle, de Ninon et de Madame de la Sablière, il devait à sa belle physionomie et la distinction de ses manières, le surnom de *Joli philosophe*, que Saint-Evremont lui avait, croit-on, décerné.

Il mourut à Paris (1688) à l'âge de 55 ans.

Nous pourrions, sans doute, venir au secours de l'attention du lecteur, fatiguée de cette nomenclature, en peignant les résultats, parmi nous, de l'époque révolutionnaire. Mais, notre plume s'arrête et se refuse à tracer tout souvenir de ce drame immense qui dépasse évidemment notre humble cadre et dont de récents événements nous porteraient d'ailleurs moins que jamais à entreprendre le récit.

Nous extrairons toutefois de cette période de notre histoire le nom d'un personnage qu'Angers n'a pas vu naître, il est vrai, mais que ses affections et ses destinées ont, dans la pensée de tous, mis au nombre de nos concitoyens.

Beaurepaire, né à Coulommiers (Seine-et-Marne), officier dans un régiment de carabiniers, marié à Joué, en ce département, et jouissant de sa retraite à Saumur, fut nommé par les Angevins, en septembre 1791, lieutenant-colonel-commandant du premier bataillon des volontaires de Maine-et-Loire. Il partit à 52 ans, quittant sa femme et ses filles. Un an plus tard, mois pour mois, les Prussiens, commandés par Brunswick, bloquèrent la ville de Verdun (1792), que défendait le bataillon de nos compatriotes. Les habitants et une partie des fonctionnaires voulaient rendre la place, que Beaurepaire commandait. Ses énergiques protestations ne purent ébranler leur opinion. Celui-ci ne pouvant supporter l'idée de cette reddition se tua, vers le milieu de la nuit, dans une pièce voisine de la salle où s'était tenu le conseil de guerre.

Cette mort que quelques personnes ont, depuis, attribuée à un assassinat, et sur le mérite de laquelle la froide raison pourrait en tout cas faire plus d'un genre de réserves, doit être appréciée selon le temps et le lieu où elle intervint. Or, un sentiment héroïque animait Beaurepaire, et il devint à l'instant le héros de la France. Il fut, comme on l'a écrit récemment, le Décius de 92. Cet énergique abandon d'une vie qui ne pouvait subir la honte des fourches caudines, fut exalté avec enthousiasme par les phalanges républicaines qui allaient bientôt vaincre à Valmy. Les plus grands honneurs furent rendus à Beaurepaire; plusieurs villes adoptèrent son nom pour leurs rues ou leurs places, et Paris appela de ce nom un de ses quartiers. A Angers, particulièrement, une grande fête civique fut célébrée le 14 octobre 1792 et, au moment où nous écrivons, on peut voir au milieu du pont de pierre de notre ville, conduisant à la rue Beaurepaire, une large base de granit qui attend la statue promise de l'intrépide commandant.

Assez, dira-t-on, assez de faits, de dates et de personnages; à force de conter l'histoire des habitants, l'on oubliera la ville elle-même... Nous sommes, qu'on le croie bien le premier à penser ainsi, et pourtant nous ne pouvons résister au désir de citer encore quelques noms nécessairement liés à celui de notre cité.

Etienne Boylesve, prévôt de Paris sous le règne de saint Louis, suivit ce roi en Egypte (1255) et fut fait prisonnier au siége de Damiette. On lui doit le livre des Etablissements des métiers à Paris, ouvrage qui a servi de guide pour les réglements fait depuis sur les arts et métiers de la capitale.

Toute mention ne comportant pas nécessairement un éloge, nous mentionnerons deux hommes nés dans la plus humble condition, et qu'à l'exemple d'Olivier le Daim et d'autres, Louis XI avait élevés à de hauts emplois. Le premier est Jean Bourré, fils d'un cordonnier de la paroisse de Bourg, à trois lieues d'Angers. Devenu ministre des finances (1475), il acheta la terre de Jarzé, près de Baugé, appartenant autrefois à la puissante famille de Beauval, ou Beauvau, et fit rebâtir l'église, assez bien conservée encore, et le château, tout-à-fait méconnaissable aujourd'hui, de ce riche domaine. Il fit également construire, non loin du lieu de sa naissance un château ou *plessis* qui porte son nom et qui est resté une des admirations du touriste qui visite notre contrée.

Jean Balue, fils d'un pauvre meunier du Poitou, après avoir été aumônier de Louis XI, puis évêque d'Evreux, puis ministre du roi, se fit donner l'évêché d'Angers au détriment de Jean de Beauvau, son bienfaiteur, qui en était possesseur. Il fut bientôt après nommé cardinal ; mais, convaincu de conspiration contre Louis, il fut condamné à une prison perpétuelle et resta onze ans enfermé au château d'Angers, dans une cage de bois qui n'a été brûlée qu'en 1793.

René Chopin, un des plus célèbres jurisconsultes du XVIe siècle, né à Bailleul, près La Flèche (1537), a laissé cinq volumes in-folio, contenant entr'autres un commentaire sur la coutume d'Anjou, travail qui le fit nommer échevin perpétuel de notre ville, et un traité des *Domaines*, qui lui mérita des lettres de noblesse (1578) conférées par Henri III.

Il mourut en 1607.

La maison de Brissac, autrefois Brochessac, dont la résidence, voisine de notre ville, est mentionnée déjà dans la chronique de Saint-Aubin (1012) et citée également dans les écrits de Foulques-Réchin, doit voir deux noms principalement retenus.

Charles Ier de Cossé-Brissac, né vers 1505, devint maréchal de France (1550) sous Henri III, commanda tour à tour le Piémont et la Picardie, reçut une épée d'honneur des mains du roi, fut chargé, sous Charles IX, du commandement de Paris (1562), et reprit sur les Anglais la ville du Hâvre. Il mourut l'année suivante.

Charles II de Cossé fut gouverneur du château d'Angers, acquit un renom éclatant pendant les guerres de 1582 à 1588, prit parti pour le duc de Mayenne, eut les gouvernements du Poitou, de La Rochelle, de l'Aunis, de l'île de Ré et de Paris, et le 22 mars 1594, ouvrit à Henri IV les portes de la capitale. Il fut nommé à cette occasion maréchal de France. Un an après la mort de ce roi (1611), Charles de Cossé fut créé duc et pair, et Brissac fut le chef-lieu du duché-pairie.

Il mourut en 1621.

La maison de Contades, venue de Narbonne sous le règne d'Henri IV, devenue propriétaire de la terre de la Roche-Thibault, près de Jarzé, et de celle de Montgeoffroy, près de Mazé, ne saurait voir son nom omis dans cette nomenclature.

Un marquis de Contades, major-général de l'armée commandée par Villars (1715), a puissamment contribué à la victoire de Denain, qui fut le salut de la France.

Louis de Contades, né à Angers en 1704, et créé maréchal de France en 1758, était un des officiers-généraux du maréchal de Saxe à la bataille de Fontenoy (1745). Après avoir assisté au siége de Berg-op-Zoom et pris en personne la ville d'Hulst, il fut chargé de commander l'armée du Rhin, mission périlleuse dans laquelle il se distingua autant par ses talents que par son humanité. Une des principales promenades de Strasbourg a gardé son nom. Le mail de Contades, ou le *Contades*, comme le nomment les habitants, est situé hors de la ville, près de la porte des Juifs. Après la victoire de Hohenlinden, en 1800, on donna à la promenade le nom de cette bataille; mais le nom ancien est resté seul en usage. Le maréchal fut défait à la bataille de Minden (1758) par Ferdinand de Brunswick; mais cet insuccès, dû à la faute d'un officier-général sous ses ordres, n'empêcha pas, quelque temps après, le grand Frédéric, venu sur les lieux, de donner les plus grands éloges aux dispositions que le maréchal avait prises et de s'étonner même qu'il n'eût pas eu un meilleur succès.

Henri Arnauld, 74ᵉ évêque d'Angers, un des vingt enfants d'Antoine Arnauld (1649), conseil de Catherine de Médicis, était père du savant Arnauld d'Andilly et d'Antoine Arnauld, si connu par ses discusions théologiques. Ses bienfaits, plus encore que l'éclat de son nom, lui méritent un souvenir. Pendant les quarante-trois ans de son épiscopat, il n'est pas de vertu qu'il n'ait montrée, de service possible qu'il n'ait rendu. Il a fondé (1684) le Mont-de-Piété d'Angers, et est mort à 92 ans, au milieu de marques de douleur et de respect qui allaient, dit un académicien du temps (1692), jusqu'à l'*invocation*.

Le marquis de Létanduère (Henri-François des Erbiers), chef d'escadre, commandeur de l'ordre de Saint-Louis, né à Angers (1682), fut un des plus célèbres officiers de la marine française, au commencement du dernier siècle. Il mourut (1750), commandant de la marine de Rochefort.

Volney, Constantin-François Chassebœuf, est né à

Craon (1757). Son père était notaire. Venu à Angers pour suivre les cours de philosophie et de médecine, le jeune Chassebœuf s'appliqua beaucoup à cette dernière science et y joignit l'étude de l'Arabe et de l'Hébreu. Il se rendit ensuite à Paris pour étendre ses connaissances dans les langues orientales; puis, mettant à profit une petite succession qui venait de s'ouvrir pour lui, il se rendit en Syrie et entra comme pensionnaire au couvent du Mont-Liban. Traduisant alors en Arabe son nom de Chassebœuf, il se fit appeler Volney. C'est à cette époque qu'il écrivit son *Voyage en Syrie*, ouvrage dont le savant Denon a dit plus tard, en parcourant Alexandrie : « Si Volney eût décrit ainsi toute l'Egypte, personne n'aurait jamais pensé qu'il fût nécessaire d'en tracer d'autres tableaux, d'en faire des dessins. » Ce livre, traduit (1791) en plusieurs langues, fut suivi des *Ruines*, qui par la hauteur des pensées et la noblesse du style, ajoutèrent encore à la réputation de l'écrivain. Emprisonné sous la Terreur, puis professeur d'histoire à l'Ecole normale, consul aux Etats-Unis, membre de l'Institut, sénateur, accueilli puis repoussé par Napoléon, il composa dans la retraite ses *Recherches nouvelles sur l'histoire ancienne*, et fut nommé en 1814, comte et pair de France. Il est mort à Paris (1820), et est inhumé au cimetière du Père-Lachaise.

Desjardins, général de division, frappé à Eylau (1807) et mort trois jours après cette bataille, à Langberg, était fils d'un charretier de notre ville, et exerça lui-même ce métier avant de partir, le 15 septembre 1792, avec le second bataillon de Maine et Loire. Sa statue, créée par le ciseau infatigable de David, fait partie de notre musée.

Un autre fils d'artisan de notre ville, Noël Girard, parti également comme volontaire en 1792, est devenu par son application et son intelligence, non moins que par son courage, maréchal de camp. Parmi ses titres les plus dignes de frapper l'attention, il compte celui d'organisateur, en 1830, de l'admirable garde municipale de Paris. Il est mort à Angers en 1859.

Proust, Joseph-Louis, chimiste, longtemps pharmacien à Angers, naquit dans cette ville le 26 septembre 1754. Après de brillants travaux qui le mirent en rapport et presque sur le pied de l'égalité avec les premiers savants de son temps, il fut nommé par le roi d'Espagne, professeur à l'école d'artillerie de Ségovie, puis appelé à la chaire de chimie de Madrid. La guerre de 1808 lui fit quitter l'Espagne et le ramena, presque sans ressources, d'abord à Craon, ensuite à Angers. Nommé en 1816, membre de l'Académie des sciences, il reçut de Louis XVIII une pension de mille francs. Son instruction était variée, sa conversation pétillante d'esprit et d'heureuses saillies, sa physionomie, sa tournure étaient celles de Voltaire. Son costume, sa pose habituelle, tout annonçait chez lui un désir non avoué mais évident, de rendre aussi complète que possible cette ressemblance. Son buste, dû à David, est dans notre musée.

Il est mort à Angers le 6 juillet 1826.

Larevellière-Lepeaux (Louis-Marie) est né à Montaigu (Vendée). Mais, venu de bonne heure à Angers, ses études, l'origine de ses destinées politiques, ses affections, sa vie entière le rattachent à notre ville. Après avoir étudié le droit, la philosophie et les beaux-arts, il se maria près d'Angers, avec une personne instruite dans la botanique et cultiva cette science avec assez de succès pour ouvrir bientôt un cours public auquel les jeunes étudiants puisèrent les plus utiles notions. Successivement député du Tiers à l'Assemblée constituante, administrateur du département de Maine et Loire, puis membre de la Convention, Larevellière se montra l'adversaire déclaré de la *Montagne* et, mis hors la loi, fut obligé de se cacher, dans la vallée de Montmorency, chez le savant naturaliste Bosc, son ami. Plus tard, malade, sans ressources, il fit, vers notre frontière nord cette excursion pleine de périls dont l'auteur de l'*Histoire des Girondins* nous a donné le récit.

Après la chûte de Robespierre, il fit partie du Conseil des Anciens, qu'il présida : il fut ensuite nommé le premier membre du Directoire et, pendant toute son administration, vit ses amis comme ses ennemis rendre hommage à sa parfaite intégrité. Qu'on se rappelle l'histoire du temps et l'on pourra mesurer toute la portée de cet éloge ! Il fut le principal auteur des mesures prises dans la journée du 18 fructidor 1797 (14 septembre).

Larevellière n'a laissé que des écrits détachés, dont un fort petit nombre a été imprimé : mais sa conversation était le plus instructif et le plus attachant de tous les livres.

C'est à tort, affirme un ouvrage récent (1), que l'on attribue à Larevellière le culte de la *Théophilantropie*, un moment institué à Paris, et inspiré, selon toute apparence, par les œuvres de J.-J. Rousseau. Non seulement, notre compatriote n'aurait pas écrit un mot pour sa propagation, mais ni lui, ni aucun membre de sa famille n'auraient assisté à ses cérémonies.

Cette dénégation est, il faut le reconnaître, contraire à tous les documents, à tous les souvenirs même que l'on peut consulter encore. Sans doute, Larevellière n'a pas créé le culte de la théophilantropie : cette œuvre est de Jean-Baptiste Chemin-Dupontès. Mais notre compatriote, ainsi que Dupont (de Nemours) et Bernardin de Saint-Pierre, en furent les principaux apôtres. Qu'on se reporte aux idées, aux déclamations du temps ! Chaumette et Robespierre avaient chacun créé leur culte : la théophilantropie était encore la moins mauvaise.

M. Larevellière-Lépeaux est mort à Paris, âgé de 70 ans, en 1824.

Notre musée possède un superbe portrait de Larevellière-Lépeaux. Le portrait, proprement dit, est de Gérard. Quelques fleurs, interrogées par le studieux botaniste, ou tombées à ses pieds sont, ainsi que le paysage, peintes par Van Spandœnk.

Nous réservons au chapitre de notre *Ecole de Médecine* la liste nombreuse des Angevins ou élèves de

(1) Blordier-Langlois. — Angers et le département de Maine et Loire, tome 2, page 234.

cette institution qui se sont distingués dans cette science.

Le moderne barreau d'Angers peut citer également plus d'un nom. Nous n'en citerons qu'un, rendu plus éclatant et, surtout, plus répandu par l'exercice de fonctions publiques.

Duboys, Jean-Jacques, n'est pas né à Angers, mais il a partagé les dangers de nos citoyens, c'est à notre barreau que sa renommée s'est formée, c'est à notre cour qu'il a rempli ses premières fonctions de magistrature et c'est enfin, en joignant le nom de notre ville au sien qu'on le désigne toujours.

Né (1768) à Richelieu (Indre-et-Loire), M. Duboys partit, en 1792, comme lieutenant-colonel commandant en second le 5e bataillon de Maine et Loire. De 1797 à 1805, il tint avec la plus grande distinction la chaire de législation de l'Ecole centrale de notre ville et, après la suppression de cette Ecole continua, à titre privé, jusqu'en 1810, le même enseignement. Avocat, substitut du procureur général à Angers, de 1811 à 1816, procureur général à la même cour, du mois d'août 1830 au mois de mai 1831, époque à laquelle il venait d'être nommé député par l'arrondissement de Beaupreau, cet orateur a constamment fait admirer une diction facile et forte, dont la clarté et la vigueur d'argumentation formaient les principaux traits.

Ses exposés étaient des modèles : sa dialectique était irrésistible. Appelé (1832) à siéger comme conseiller à la cour royale de Paris, il a présidé la cour d'assises, notamment dans l'affaire dite de la rue des Prouvaires et dans l'accusation intentée contre Bergeron, le premier des individus poursuivis comme ayant tenté d'assassiner le roi Louis-Philippe. C'est M. Duboys qui fut chargé à l'assemblée du Champ-de-Mai, 1er juin 1815, de haranguer Napoléon, au nom de la députation centrale des colléges électoraux. Ce choix dit assez quel renom s'était dès ce temps acquis son éloquence.

Après s'être retiré des fonctions publiques, à la fin de 1844, il est mort, au milieu de l'année suivante, près de Savennières, à trois lieues d'Angers, et a été inhumé au milieu d'un grand concours de magistrats, de fonctionnaires et de jurisconsultes qui avaient été, les uns ses élèves, les autres ses collègues, mais tous, ainsi qu'ils le proclamaient, les admirateurs de son savoir et de son talent.

MONUMENTS.

ÉGLISES. — LA CATHÉDRALE.

Un Angevin seul pourrait attacher quelqu'intérêt a savoir si le nom d'*église-mère* rappelé, entr'autres titres, dans une bulle de Charles-le-Chauve, de 844, appartient à l'église Saint-Maurice, ou à l'église Saint-Pierre, bâtie au lieu où les premiers chrétiens de notre contrée établirent leur cimetière et remplacée aujourd'hui par... notre théâtre.

Il suffit ici de faire connaître que, près de notre ancien Capitole, il existait une petite chapelle dédiée à Sainte-Marie et dans laquelle, selon un de nos chroniqueurs angevins, il se faisait des miracles dès 474. Au commencement du neuvième siècle, la cathédrale était instituée au même lieu et recevait la dépouille de l'Impératrice Hermengarde, épouse de Louis-le-Débonnaire, morte au milieu de nous (1).

Il est à croire que lors de cette inhumation, notre église était déjà sous l'invocation de son patron d'aujourd'hui. On sait que saint Maurice, chef d'une légion de Thébéens, fut, sous Dioclétien, appelé dans les Gaules par Maximien, pour l'aider à combattre les hommes de la foi nouvelle. Les chefs romains ayant, à Martigny-en-Valais, ordonné un sacrifice aux Dieux, Maurice et ses compagnons se déclarèrent chrétiens et refusèrent de s'unir à la pompe préparée. Deux fois leur troupe fut décimée; ils refusèrent encore. Maximien ordonna alors un massacre général (286) et ils périrent tous en martyrs, à Agaunum, depuis St-Maurice-en-Valais. Ce sacrifice eut le plus grand retentissement dans toute la chrétienté. Dans le IVe siècle, saint Martin, le célèbre évêque de Tours, obtint du *sang de saint Maurice* et le donna en relique à la principale église de cette ville, qui porta le nom du martyr thébéen avant de prendre son nom actuel de Saint-Gatien. Plus tard, Charles-Martel, plein d'admiration pour la mort héroïque de saint Maurice, voulut avoir, dit-on, la lance et le casque de ce martyr, et fit usage contre les Sarrasins (725) de cette armure qu'avaient conservée les moines institués à Agaunum sous Clovis. Voilà certes, assez de causes d'illustration pour expliquer la dédicace de notre cathédrale.

Foulques-Nerra avait, parait-il, entrepris de recons-

(1) Voyez Église Saint-Martin.

truire la nef de Saint-Maurice. Mais sans que l'on puisse dire à quel point cette construction fut amenée par lui, il est tenu pour constant que le vaisseau de l'édifice actuel est dû à Hubert de Vendôme (mort en 1047), notre 41e évêque, et que l'évêque Normand de Doué, un siècle plus tard, commença les voûtes de cette nef, qui n'avait été d'abord couverte qu'en charpente. Si, comme quelques écrivains le prétendent, l'infidèle et fugitive épouse du comte Foulques-Réchin, la *reine* Bertrade, a contribué à quelques-unes de ces premières constructions, il y a lieu de penser qu'une aide pécuniaire aurait seulement été fournie par elle (v. page 21).

Sous l'épiscopat d'Ulger, 46e évêque, la nef s'était embellie d'un ornement bien précieux, qu'elle offre encore à nos regards. Le chanoine Hugues de Semblançay fit garnir toutes les fenêtres, sauf trois, de verrières admirables. C'était le temps où le fameux moine Suger, régent de France sous Louis-le-Jeune (1125-1149), venait de faire poser des vitraux semblables aux basiliques de Saint-Denis et de Notre-Dame de Paris. On reconnaît, dit un antiquaire de notre contrée, les vitraux primitifs de notre cathédrale, à leur éclat de topaze et de rubis et, surtout, à leur encadrement dans de petits cercles peints. A côté de ces riches peintures qui méritent d'ajouter une page au célèbre ouvrage d'Arthur Martin, sur les vitraux de Bourges, on en trouve de moins anciennes, quelques-unes même complètement modernes.

De tels travaux ne pouvaient rester incomplets : il

fallait un chœur splendide à une telle nef. Raoul de Beaumont, élu évêque en 1178, commença et termina cette partie de l'église. Déjà, on le voit, l'ogive était venue s'allier librement au plein-cintre qu'elle allait bientôt remplacer entièrement. On trouve cette disposition dans les fenêtres du chœur, tandis qu'une partie des arcades engagées dans les murs et presqu'entièrement cachées par la boiserie, rappelle la forme romane. En comparant ces fenêtres avec celles de la nef, on peut juger du changement survenu depuis Hubert de Vendôme.

On a lieu de s'étonner, sans doute, qu'une boiserie de style grec ait été placée en ce lieu (1785). Mais cette faute, heureusement fort rare aujourd'hui, était très commune à la fin du siècle dernier, époque à laquelle les connaissances archéologiques n'étaient nullement répandues. La gloire de l'artiste qui a créé ces belles sculptures n'en doit, en tous cas, souffrir aucune atteinte. Or, cet artiste portait un nom bien facile à tracer pour une plume angevine : c'était David, le père de notre célèbre sculpteur, de celui dont le ciseau s'est consacré à tant de gloires et dont chaque œuvre nouvelle vient fidèlement se ranger dans notre Musée, comme si nous avions besoin de croire plus fermement encore à son talent et à son souvenir.

Une gracieuse statue de sainte Cécile, due à David fils, se trouve placée au milieu du chœur et semble inspirer les chants sacrés qui s'élèvent, avec l'encens, de cette partie du pieux édifice.

Une trentaine d'années après l'édification du chœur

(1202-1240), l'évêque Guillaume de Beaumont, neveu du précédent, fit construire les deux ailes. Celle de droite fut bâtie d'abord. L'évêque céda ensuite une partie du palais épiscopal pour qu'on pût donner à l'aile gauche les mêmes dimensions qu'à la première, à la condition que l'on pratiquerait, de l'église au palais, un escalier que nous voyons encore. Cette seconde aile prit le nom de *Chapelle des Evêques,* tandis que l'autre, dans laquelle plus tard on appendit les écussons des chevaliers de l'ordre du Croissant, créé par le roi René (v. page 41), fut appelée aile des *Chevaliers.*

Les vitraux ne trouvèrent jamais, pour jeter leurs riches gerbes lumineuses, une plus belle occasion que celle de l'érection de ces deux ailes. Deux rosaces d'environ neuf mètres de diamètre, chef-d'œuvre annonçant les merveilles du style *rayonnant* qui devait fournir son nom à la seconde ère de l'ogive, donnent à ces deux parties opposées de notre église une splendeur que plus d'une de nos grandes cathédrales envierait.

Au commencement de la nef, à gauche, on voit un tableau remarquable, du peintre Ansiaux, de Liége, représentant un crucifiement. En face et un peu plus vers l'orgue, s'étend une boiserie faite par notre Ecole d'arts et métiers. Au bas de la nef se trouve un beau vase de marbre vert, porté par deux lions en marbre blanc. Ce vase, donné par le roi René, sert de bénitier. Plus d'un récit bizarre s'y attache : suivant les uns, il aurait servi de baignoire à notre ancien duc; selon un auteur du dix-huitième siècle, Péan de la Tuilerie, un *roi de Marseille* y aurait été baptisé.

La cathédrale entière est ceinte d'une galerie qu'un chanoine a fait munir à ses frais d'une balustrade en fer. Cet ornement aurait coûté 30,000 livres.

En se plaçant près de l'orgue et en tournant ses regards vers le chœur, on aperçoit dans toute son étendue (90 mètres 47 centimètres), le hardi vaisseau de l'église et on peut juger de tout l'effet produit par l'élégant baldaquin dont l'autel est surmonté. Ce baldaquin, élevé d'environ 17 mètres, bâti par l'architecte Antoine-Denis Gervais et son fils, et porté sur six colonnes en marbre rouge de Laval, ne date que de 1757, dernière année de l'épiscopat de M. Jean de Vaugirault. En 1699, l'évêque Michel Lepeltier avait déjà voulu rendre plus présentes aux yeux de tous, les pompes du sacrifice qui jusqu'alors s'était, comme dans tant d'églises, célébré au fond du chœur, et avait fait construire l'autel que nous voyons aujourd'hui.

Si l'on quitte la nef pour entrer, à gauche, dans la chapelle qui s'ouvre près de l'orgue, un changement notable de construction se fait tout d'abord apercevoir. Aux colonnettes ont succédé ces cordons plats à plusieurs faces, dites nervures prismatiques; au style de transition du XIIe siècle, au style ogival du XIIIe, s'est substitué le style flamboyant du XVe siècle. Nous ne voyons plus, malheureusement, les peintures dont le roi René, par les soins duquel cette chapelle a été bâtie, avait pris plaisir à orner ses voûtes. Une *Vierge*, de Mme Benoist, un *Ecce Homo* et un *Saint-Maurice*, d'un ancien artiste que possédait Angers, M. Thonesse, et, surtout un calvaire composé d'un Christ, de la

Vierge et de saint Jean, dû au ciseau de David, sont plus que suffisants pour fixer l'intérêt sur cette annexe de l'église.

En face de la chapelle du roi René, s'ouvre une seconde chapelle qui, d'après quelques chroniqueurs, au lieu de se rattacher à l'église, aurait vu, au contraire, l'église s'élever à ses côtés. Ce lieu de prières, aujourd'hui encore dédié à la Vierge, serait cette chapelle de Marie, élevée dans le Ve siècle, sur les ruines du temple de Jupiter-Capitolin, et qui, malgré son évidente reconstruction, n'en demeurerait pas moins le premier édifice chrétien inauguré dans l'enceinte de notre cité. Elle contient les fonts baptismaux et n'a, du reste, de remarquable que le souvenir, non infaillible il est vrai, de sa priorité parmi nous.

Avant de sortir de l'église, il faut donner un regard à l'orgue magnifique qui, créé de 1511 a 1515, par Jousselin, et réparé en 1521, par Pierre Bret, du Mans, a été reconstruit, sous Louis XV, par l'habile facteur Danville. Il est soutenu par quatre majestueuses cariatides. Son aspect est imposant; sa richesse harmonieuse est, surtout, immense et lui donne une juste renommée. Depuis le mois de septembre 1851, cet orgue peut entendre ses chants répétés par un autre instrument, dû à M. Boun, de Tours, et placé au milieu du chœur. Des planches mobiles ouvrant ou fermant la vaste ouverture par laquelle s'échappent les sons de cet orgue, dont les tuyaux sont fixés au dessous du sol de l'église, permettent d'obtenir, sur une note donnée et sans changer de registre, des *forte* et des *piano* jusqu'ici impossibles dans ce genre d'exécution.

A l'exemple des clochers qui le dominent et vers lesquels montent ses mélodies ou ses tempêtes, le grand orgue a été plus d'une fois préservé de la ruine. L'incendie de 1831 le rendit presque méconnaissable ; à peine restauré, une cloche que l'on acheminait à sa destination et dont le câble se rompit au moment où elle disparaissait dans les combles, vint écraser son *positif*, ou buffet avancé, de sa masse énorme, renvoyée par le bord de la voûte. Mais ces réparations, comparées à celles qu'ont nécessitées à plus d'une époque, nos fiers clochers, doivent passer comme inaperçues.

Sortons maintenant de l'église et examinons cette riche façade, ces flèches légères qui forment, sans contredit, le principal trait de la physionomie de notre cité.

Cette façade présente un seul portail construit, pour la plus grande partie, dans le XIIe siècle. Il est décoré de quatre rangs de voussures concentriques et en retrait. Au milieu du tympan est le Christ, entouré des symboles des quatre évangélistes et ayant sous ses pieds les ondes de cette mer transparente (*mare vitreum*) dont parle l'Apocalypse. Aux deux côtés de la porte, on voit huit grandes statues qui, selon M. de la Sicotière, archéologue dont l'opinion est un sûr guide, sont des personnages de la Bible : David, la Sibylle (*Teste David cum Sibyllâ. — Dies iræ*, liturgie romaine), Aaron tenant sa baguette, Melchisédech et quelques autres moins nettement déterminés.

« Sous les voussures, continue l'auteur que nous ci-
» tons, les vingt-quatre vieillards tenant des instru-
» ments de musique ou des vases à parfums, et deux
« rangs d'anges en adoration. Les couleurs des fres-
» ques, assez bien conservées, la variété des figures
» sculptées en plein relief, les admirables restaurations
» de Dantan, prodige de science et d'habileté, font de
» ce portail apocalyptique un des *plus curieux qui*
» *soient en France*. »

Au-dessus de ce portail s'ouvre une vaste fenêtre romane, ayant à chacun de ses côtés cinq arcades ogivales bouchées. Au-dessus s'élève encore un rang d'arcades romanes et, aux deux côtés, deux tours dont les arcades sont moitié romanes, moitié ogivales. La construction en pierres s'arrêtait là autrefois; deux clochers en bois avaient seulement été élevés sur les deux tours qu'une galerie également en bois venait relier.

Tout cet édifice de charpente fut détruit en 1511. Jean Ollivier, chargé de la direction du diocèse par François de Rohan, auquel il devait succéder en 1536, arrivait à Angers. Justifiant en cette circonstance une populaire renommée, les sonneurs chargés de carillonner sa venue, burent tellement qu'ils s'endormirent dans le clocher, laissant une lumière près d'une pièce de bois. L'incendie se déclara sans obstacle et les tours restèrent entièrement veuves de leur couronnement.

Le chapitre résolut bientôt de reconstruire (1516) les clochers en pierre, et Mathurin Georges, *maître-maçon*, édifia sous ses ordres les flèches, dans le style alors tout nouveau, de la Renaissance : il accompagna, toutefois, la base de son double et élégant édifice, de clochetons qui empruntent leurs ornements au temps à peine expiré de l'ogive. Ces flèches furent enrichies de seize statues : des croix dorées vinrent briller au sommet des pyramides déliées et une galerie de pierre, réunissant les deux tours, acheva (1518), de composer l'ensemble de notre édifice restauré et, surtout, embelli.

Au bout de quinze ans, nouveau désastre. La négligence d'un sacristain occasionna encore l'incendie. La flèche située du côté de l'évêché fut considérablement endommagée : une partie des cloches fondit et la charpente de la nef fut presqu'entièrement brûlée. Le chapitre s'empressa, comme en 1516, de remédier à ce sinistre. La flèche fut, non-seulement réparée, mais, en même temps, décorée de ces ornements en saillie qui ajoutent tant à sa richesse et à son élégance. C'est à cette époque que le doyen de la cathédrale, François de Châteaubriant, eut l'heureuse idée de consulter Jean de Lépine. Ce savant architecte angevin, auteur du château du Verger, du clocher de notre église de la Trinité et de l'hôtel de Pincé, rue Haute-du-Figuier (appelé souvent Hôtel d'Anjou), était un des élèves les plus renommés de Philibert Delorme, dont le Palais des Tuileries, le Fer-à-Cheval de Fontainebleau, les châteaux d'Anet, de Meudon, de Saint-Germain, de Villers-Coterets et de Saint-Maur, rendent le nom si célèbre. Il fut décidé qu'une troisième tour s'éleverait au milieu des deux premières et serait surmontée d'une coupole élégante. Au lieu des arcades romanes pleines, tracées sur la partie qui devait supporter cette nouvelle construction, huit statues représentant saint Maurice et les compagnons de son martyre, furent placées sur des pinacles surmontés de dais sculptés à jour et séparés par des pilastres ornés des arabesques délicats de la Renaissance. Ce travail fut terminé en 1540, date qui termine une légende tracée au-dessus des huit statues et portant ces mots empruntés à l'*antienne pour la paix : Da pacem, Domine, in diebus nostris* (l'ouvrier, peu latiniste, au lieu de *Domine in,* a écrit *Dominum*) *et dissipa gentes quœ bella volunt. Donnez, Seigneur, la paix à nos jours et dispersez ceux qui veulent la guerre!* En présence des guerres d'Italie, du schisme de l'Angleterre, déclaré depuis six ans, et des combats dont il était le précurseur, ce vœu, on le conçoit, n'était que trop bien motivé.

Il fallait à un tel monument une voix imposante comme son aspect. D'abord, parut, ou, plutôt, résònna le *Gros Guillaume* (nommé par Guillaume de Lesrat de Lancreau (1572), président du présidial). Cette cloche avait 21 pieds de circonférence, 7 pieds et demi de haut et pesait 24,000 livres. Elle reçut plus tard (1609) pour compagne *Innocente,* qui en pesait 15,000. On avait, de plus, placé au-dessus du transept de l'église, une petite cloche d'argent consacrée par la légende et que l'on sonnait particulièrement pendant le carême, ce qui la faisait nommer le *Haranier*. Ces cloches, on le devine, ont été détruites en 1793.

La coupole renfermait une horloge indiquant les phases de la lune, à l'aide d'une grosse boule moitié noire et moitié dorée. Le carillon qui précédait chaque heure, au lieu de ces sonneries insignifiantes que l'on rencontre si souvent en Belgique ou dans le nord de la France, avait un sens pieux et non sans charme. Comme celui que, sauf en temps pascal, fait entendre la cathédrale de Nantes, il chantait le commencement de l'hymne *Inviolata, integra et casta es Maria*, et ainsi, mieux que l'*Angelus*, prière adoptée par Louis XI pour les trois suprêmes instants du jour, semblait mettre sous l'invocation de la Vierge chaque heure de notre vie. Chaque quart-d'heure était annoncé par ces quatre notes sonnées à intervalles égaux : *Ut, si bémol, si, la bémol*, qui, dans l'antienne, se placent sur les mots : *ô Benigna ! ô Regina ! ô Maria !*

Aujourd'hui encore, vous voyez ces élégantes constructions et ce carillon sonne dans la nue. Mais, tout a été renouvelé... Frappé de la foudre, le 4 août 1831, Saint-Maurice a vu tomber coup sur coup les plus belles parties de lui-même. Au cours même de l'incendie et frappant un moment de terreur les habitants accourus par milliers à son aide, la coupole s'écroulait avec fracas, écrasait l'orgue dans sa chute et, découvrant l'immense foyer caché dans ses entrailles, lançait les flammes jusqu'au ciel. Le feu conjuré au prix de bien des peines et bien des dangers, on reconnut que la flèche du sud était calcinée à sa base et menaçait ruine. Plus on sondait le mal, plus on le croyait profond. Un membre du conseil des bâtiments civils prononça un arrêt que la prudence rendait peut-être nécessaire : il fallut abattre ce qui restait des flèches et les reconstruire, ainsi que la coupole écroulée.

Que l'on imagine le temps, les précautions, les sacrifices nécessaires pour une pareille restauration! Comment ne rien changer aux proportions, à la physionomie de chaque partie de l'édifice? Heureusement, il s'est trouvé parmi nous un architecte assez artiste et, aussi, assez angevin pour comprendre que la fidélité serait le premier mérite d'un tel travail. Il mit son honneur à nous rendre saillie pour saillie, moulure pour moulure, la coupole de 1540. Chaque fragment de statue fut descendu avec les plus grandes précautions, pour servir de type à celui qui serait chargé de nous rendre intacts et les martyrs de la légion thébéenne et les statues du portail et celles des hauts clochetons. Sur ce dernier point encore, notre bonne fortune fut complète : M. Dantan aîné se chargea de la sculpture, comme M. Binet, aidé de M. Duvêtre, s'était chargé de l'architecture. A la fin de l'année 1845, la coupole, puis les deux flèches étaient rebâties et, nouvelle salamandre, notre cathédrale se relevait des flammes plus belle et plus svelte que jamais.

Bodin, qui écrivait en 1821, nous fait connaître que la hauteur de la flèche sud est de 206 pieds, et celle de la flèche nord, de 194 pieds, y compris la croix. Cette différence d'élévation est, on le sait, d'accord avec ce langage symbolique qui réside dans chaque partie des édifices religieux. Dans les basiliques à plusieurs tours, celle de droite était la représentation du pouvoir temporel, et la tour de gauche, toujours plus élevée, celle du pouvoir spirituel. Ainsi s'explique la différence de hauteur et d'ornements entre les deux clochers de Chartres, d'Amiens et de Saint-Sulpice de Paris. Si l'on craignait de ne pouvoir construire les deux, on ne manquait pas de commencer par celle de gauche, comme Strasbourg, Saint-Denis et Anvers nous en donnent les exemples.

L'Ecole d'arts et métiers d'Angers nous a rendu l'horloge et le carillon de la coupole. La cathédrale de nos pères se retrouverait donc complète si on rétablissait devant l'entrée un portique que l'évêque Foulques de Mathefelon (1356) avait fait construire et qui a été malheureusement détruit en 1807.

Il ne manque plus qu'une condition à la splendeur de notre cathédrale, de cette église dans laquelle reposent, tant de nobles personnages, dont une pierre monumentale, placée au mois de décembre 1850 par la Société d'agriculture, sciences et arts de notre ville, rappelle le tardif souvenir (1). Dès 1821, Bodin proposait de

(1) Cette pierre porte l'inscription suivante :

« A la mémoire de la maison royale d'Anjou-Sicile. Dans le chœur » de cette cathédrale ont été inhumés :

» Louis 1er....................	1384.
» Marie de Bretagne.............	1404.
» Louis II......................	1417.
» Yolande d'Aragon	1442.
» René dit le Bon...............	1480.
» Isabeau de Lorraine...........	1453.
» Marguerite d'Anjou............	1482.
» Jeanne de Laval...............	1498.

» Ce monument a été érigé par la Société d'agriculture, sciences » et arts d'Angers, sous l'épiscopat de Mgr Guillaume Angebault, » M. Vallon étant préfet de Maine et Loire, M. de Beauregard étant » président de la Société.

» MDCCCL. »

dégager la façade et d'établir deux rampes prenant pour base le rocher qui descend à la fontaine Pied-Boulet. Un projet plus vaste encore a été présenté au conseil municipal en 1841. Renversant à peu de frais sur son passage les maisons misérables qui se coudoient au bas de cette triste montée, l'escalier projeté descendrait par larges volées jusqu'au niveau de la rue Bourgeoise et irait se faire jour sur le quai. De chaque côté de ces degrés, des maisons s'étageraient avec élégance, comme celles qui, près de Bristol, montent de la place de *College-Green* vers Clifton. Notre ville s'enrichirait ainsi d'un aspect que plus d'une capitale pourrait envier, et notre Saint-Maurice qui déjà semble s'élancer dans les airs, se verrait élevé jusqu'au ciel sur ce piédestal gigantesque digne de porter le clocher, au sommet invisible, de la cathédrale de Strasbourg!

L'ÉVÊCHÉ.

En quittant la grande porte de la cathédrale on trouve à droite une très petite place sur laquelle donnent les bureaux de l'administration des hospices. En tournant encore à droite, on descend une rampe assez roide, qui conduit à la porte de l'Evêché. Avant d'arriver à cette entrée, on voit, à gauche, une pierre couverte de vieux caractères et encastrée dans le mur d'une maison. Son indication est claire : elle porte : Cy est la court du grant archidiacre. — Un peu plus bas, à droite, on trouve un calvaire placé dans une niche qu'une grille protège. La niche a été construite sous l'épiscopat de M. de Vaugirault (1751). De 1815 à 1822, les abbés de Rauzan et de Forbin-Janson, missionnaires, sont venus successivement prêcher à Angers. C'est le premier qui a déterminé la création du calvaire, comme depuis, en janvier 1830, l'abbé Guyon fit planter devant le port Airault cette croix que l'église Saint-Serge abrite aujourd'hui. C'est pour le calvaire de l'évêché que furent demandées les trois statues de David qui ornent aujourd'hui la chapelle du roi René. Leur disposition rendait difficile leur placement dans l'étroit espace qui leur était réservé : elles étaient trop belles, d'ailleurs, pour rester exposées aux intempéries et, peut-être, aux injures : aussi les a-t-on gardées dans la chapelle du roi René, en leur substituant trois œuvres beaucoup moins précieuses.

Nous avons parlé ailleurs (v. p. 10) de la construction, par le comte Rainfroy, du Capitole, devenu l'Évêché. Il se trouve encore dans le fond de la cour, à gauche en entrant, des voûtes basses et massives qui peuvent avoir fait partie de ces constructions premières.

Le jour n'est pas éloigné, sans doute, où les masures qui s'entassent au pied de cette façade et prolongent leur masse boiteuse jusqu'au bout de la place Neuve, disparaitront, de manière à rendre facile pour les voitures l'abord de la rue Saint-Laud si étroite de ce côté, et à donner, surtout, à notre Évêché une entrée moins périlleuse et plus digne de lui.

L'escalier qui conduit à la grande salle, ou salle synodale, a été construit par François de Rohan, fils du maréchal de Gié et nommé évêque d'Angers en 1499. Ce nom rappelle la construction du château du Verger, commune de Seiches, château que l'on croit avoir été terminé par l'architecte Jean de Lépine.

La salle synodale est d'un aspect noble et imposant : elle s'ouvre par neuf fenêtres romanes sur la cour de l'évêché. M. Mérimée et un antiquaire instruit de notre contrée, M. Godard, pensent que cette construction doit remonter au onzième ou au douzième siècle. La main infatigable de Foulques Nerra (v. p. 19) pourrait bien alors avoir contribué à l'érection de ce bel édifice.

Malheureusement depuis longtemps déjà on y remarquait d'importantes dégradations; une restauration devenait nécessaire. Elle a été confiée à M. Joly de Saumur, auquel on doit déjà la restauration si remarquable de l'église de Cunault, et elle est en pleine voie d'exécution aujourd'hui. Les plans adoptés ont été rédigés dans le but de rendre à la salle synodale son aspect primitif. Les sculptures mutilées ou incomplètes sont réparées; des peintures, des vitraux, des serrureries, un carrelage en imbrications de différentes couleurs, formeront un ensemble grave et sévère d'un ton soutenu et dans le caractère du roman de transition.

La grande salle de l'Évêché mérite à un haut degré l'attention. Elle présente ce motif tout spécial d'intérêt, qu'elle est un des rares monuments d'architecture *civile* antérieure à l'ogive, léguée aussi intacte par le moyen-âge. Au dessous de cette salle s'étendait naguères une vaste galerie ignorée de tous et remplie jusqu'à son faîte des plus prosaïques approvisionnements. Vers la fin de 1850, une commission présidée par Mgr l'Evêque fut chargée de nous rendre cette ancienne salle d'attente du palais, en lui donnant l'appropriation d'une chapelle. L'œuvre est accomplie heureusement aujourd'hui. M. Duvêtre a été l'architecte de cette restauration. Les vieilles colonnes, les lourds chapiteaux du onzième siècle ont reparu et, tout d'abord, une porte en style moyen-âge, dispose de la manière la plus heureuse à la visite que cet édifice au jour mystérieux attend de tout voyageur.

La longue série des portraits de tous les papes forme l'ornement de la grande salle. Regardé du haut de l'escalier qui communique avec l'église, le maître-autel de la cathédrale présente un aspect singulier qui rappelle un peu l'effet du diorama.

Le grand mur qui, de la porte extérieure, conduit en s'abaissant vers la rue Saint-Laud, s'ornait autrefois, pour le passage de la procession de la Fête-Dieu, d'une tapisserie représentant des sujets de l'ancien et du nouveau Testamment, donnée par Charles VII et, surtout de la fameuse tapisserie de l'Apocalypse, dont nous regardions, tout enfant, les monstres ailés et les figures bizarres. Nos vieux auteurs disent que cette tapisserie, don du roi René, était estimée *deux cent mille livres*.

Saint Défensor a été le premier évêque d'Angers. Il voit aujourd'hui sur le siège épiscopal son 82me successeur.

SAINT-SERGE.

La fondation du monastère de Saint-Serge, auquel appartenait cette église, remonte à Clovis II, vers 654. La tradition porte que ce prince, alors malade à Angers, fut guéri par les prières de saint Séverin, « Et en » mémoire de ce, dit Bourdigné, Clovis se voyant guary, fonda ung monastère pres la ville d'Angiers, que » l'on appelle Saint-Serge, duquel saint Séverin fut » premier abbé et y ordonna reigle et vie monacchale. »

La règle de saint Benoist que, sur la demande de Bertigamme, évêque du Mans, saint Maur venait d'apporter du Mont-Cassin dans nos contrées (voyez p. 9) s'établit aussitôt dans le monastère de Saint-Serge, à la renommée duquel vinrent bientôt s'unir celle de l'abbaye de Saint-Florent et, plus tard, celle du couvent de Saint-Aubin. Un événement que l'on apprécierait fort mal au point de vue de nos idées modernes, mais dont un regard sincère et studieux jeté sur les mœurs et les croyances de nos pères fera facilement comprendre l'importance, vint ajouter singulièrement au crédit dont Saint-Serge était en possession déjà. Parmi ces farouches guerriers bretons, ou normands, qui vinrent tant de fois porter au milieu de nos campagnes le carnage et l'incendie, Nomenoë, Breton, vint vers 849, mettre le siége devant la ville d'Angers et prit la ville. Pour se faire, sans doute, pardonner d'avoir incendié plus d'un saint lieu, un des premiers soins de ce chef fut de faire reconstruire l'abbaye de Saint-Serge. Bientôt il mourut près de Chartres, et son fils Erispoë, s'étant vu confirmer solennellement par Charles-le-Chauve la possession de cette portion de l'Anjou, songea à donner dans ses nouveaux domaines un refuge aux reliques de saint Brieuc, un des saints les plus renommés de la Bretagne. Il savait en effet que ses états sans cesse attaqués par les Normands, n'offraient qu'un périlleux abri à ce dépôt consacré par la foi. Cette préoccupation se trouvait partout alors. Elle a fait apporter de Rouen, dans notre ville, les reliques de saint Laud. Elle a causé les pérégrinations du corps de saint Martin, qu'une expédition conduite par Ingelger ramena d'Auxerre à Tours : elle a causé aussi les voyages, secondés par la ruse, des reliques de saint Florent, dont plus d'un couvent désigne encore aujourd'hui les stations. Saint Brieuc ne pouvait reposer plus dignement que près des dépouilles de saint Serge et saint Bach, partagées entre l'église Notre-Dame de Chartres et l'abbaye à laquelle elles avaient donné leur nom. L'arrivée du corps de saint Brieuc fut le signal de prières et, partant, d'offrandes incessantes. Jusqu'en 1166, cette source de sainteté et de richesse fut ouverte pour le couvent. Mais, à cette époque, la paix étant venue, saint Brieuc put regagner sa Bretagne; son corps fut en conséquence extrait en grande pompe de son tombeau, en présence de Henri II, roi d'Angleterre, comte d'Anjou, et de toute sa cour, et quitta une ville dans laquelle beaucoup de nos lecteurs ne s'attendaient peut-être guère à rencontrer son souvenir.

Enrichie par les offrandes que les pèlerins apportaient chaque jour aux châsses consacrées, l'abbaye de Saint-Serge songea, vers le milieu du XIe siècle, à étendre ses cloîtres qui pouvaient à peine contenir douze religieux et à revêtir son église d'une splendeur nouvelle. Vulgrin, né à Vendôme, moine, puis prieur de Marmoutiers, fut appelé en Anjou par le comte Geoffroy-Martel qui, digne appréciateur de ses lumières, le nomma abbé de Saint-Serge. Celui-ci rebâtit le monastère en entier et l'agrandit de manière à y recevoir en peu de temps plus de soixante moines. Cette partie d'édifice n'existe plus ; mais l'église existe encore, c'est celle qui frappe aujourd'hui nos regards, et si quelques-unes de ses parties semblent aux archéologues trop récentes pour qu'on les attribue à cet architecte, abbé comme tant d'artistes l'étaient à cette époque, l'ensemble de la construction n'en atteste pas moins son talent, et les éloges donnés chaque jour à l'édifice n'en tournent pas moins à sa gloire. On trouve encore dans cette église quelques vestiges de son ancienne reconstruction par Nomenoë. M. Godard signale comme offrant ce souvenir des temps carlovingiens, les quatre piliers séparant la nef du chœur, piliers sur lesquels, malgré une couche de blanc, on distingue des assises de briques enchâssées horizontalement dans des assises de pierre à grand appareil, style dont le milieu des transepts de Saint-Martin, que nous examinerons à son tour, offre un nouvel exemple parmi les monuments de notre cité. On regarde encore comme pouvant appartenir au temps de Nomenoë quelques fragments de construction en petit appareil et quelques rangs de briques, dans le mur extérieur de la nef du côté du séminaire, ainsi qu'une espèce de voûte dont l'entrée se trouve sous ce mur.

La nef de Saint-Serge est évidemment beaucoup plus moderne que le reste de l'église : elle ne date que du XVe siècle. Elle est très large, tandis que ses bas-côtés si malheureusement badigeonnés en jaune, sont très étroits. D'énormes piliers carrés, ornés de nervures prismatiques, soutiennent des arcades ogivales dans lesquelles sont inscrits des cintres romans. Au-dessus règne une corniche ornée de sculptures du travail le plus délicat. Plusieurs rangs de sculptures semblables décorent la porte extérieure. Ce sont des guirlandes de fruits et de fleurs; des masques qui rappellent singulièrement les masques scéniques des anciens; des monstres grimaçants, des animaux qui se dévorent, un chat étranglant un oiseau. Rien n'est plus gracieux, plus fin, plus hardiment sculpté que ces charmants reliefs. Les fenêtres, du style gothique flamboyant, sont garnies, pour la plupart, de vitraux peints, représentant des saints; ils ne sont pas tous parfaitement conservés. Un *sacrarium* du XVe siècle, sorte d'armoire destinée à renfermer les reliques et les vases sacrés, frappera certainement les yeux de toute personne qui visitera cette église. Ce délicieux morceau de sculpture gothique, autrefois placé dans la sacristie, selon sa destination, a été récemment fixé, dans l'aile gauche, opposée à celle dans laquelle s'est réfugiée la croix de mission en fer, enlevée du port Ayrault à la fin de 1830.

Saint-Serge n'a pas, à bien dire, de transepts. Deux piliers de la nef qui se rapprochent, deux arcades latérales qui s'élargissent, deux rosaces au lieu de fenêtres, indiquent le passage d'une partie de l'édifice à l'autre.

Le chœur est d'une rare élégance. La voûte, un peu plus basse que celle de la nef, est soutenue par des colonnes d'environ 10 mètres de hauteur, sur 1 de circonférence; le voisinage des lourds piliers de la nef fait valoir leur remarquable légèreté. Ce chœur est, ainsi que la partie moyenne de l'église, généralement attribué à Vulgrin, quoique, d'après les règles données par MM. de Caumont et Merimée, M. Godard croie devoir regarder comme probable sa construction à une époque un peu plus récente.

Elu évêque du Mans en 1055, Vulgrin traça le plan et commença la construction de l'admirable cathédrale Saint-Julien, achevée quatre siècles seulement après sa mort. Son nom, comme on le voit, ne doit pas être oublié des artistes qui visitent nos contrées.

A l'exemple de presque tous les monastères bénédictins de cette contrée, l'abbaye de Saint-Serge, proprement dite, a été rebâtie vers la fin du XVIIe siècle, telle qu'elle est aujourd'hui, puis, comme on le voit facilement, s'est depuis peu d'années augmentée de près de moitié. C'est aujourd'hui le séminaire. Cette vaste demeure avait servi en 1793 de lieu de dépôt pour les femmes, les vieillards et les enfants pris dans la guerre de la Vendée; on les transféra de là, près du Tertre, dans la maison du Calvaire, d'où un grand nombre alla recevoir la mort au *Champ-des-Martyrs*, situé entre l'étang de Saint-Nicolas et la route de Laval. En l'an IV, des cours de médecine et d'histoire naturelle y furent donnés; en 1827, on a eu le dessein d'y porter notre musée et notre bibliothèque et de mettre, au moyen d'un passage franchissant la rue, cette double collection en communication avec celle qu'offre le Jardin des Plantes. C'est depuis ce temps qu'a été construite l'annexe qui assure la possession du séminaire, en doublant son importance.

La tour tronquée de l'église Saint-Serge porte témoignage du siége que les Vendéens tentèrent vainement contre la ville d'Angers en décembre 1793. Une pièce de 36, braquée de l'autre côté de la rivière, au lieu où s'élève encore une tour à capuchon d'ardoises, nommée la tour Guillou, atteignit d'un coup furieux le clocher dans lequel les assiégeants avaient monté une pièce de 4. Ainsi blessé et chancelant, le sommet de la tour qui présentait sur chacune de ses surfaces deux fenêtres ogivales ornées de colonnettes, fut démoli et l'édifice resta amputé.

Au bout de trente heures de sanglants combats, les Vendéens firent leur retraite sur Baugé, La Flèche et le Mans, où Westermann et Marceau devaient bientôt les atteindre et les frapper d'une manière si terrible.

L'aspect du joyeux coteau dont les maisons blanches s'alignent et s'enfuient sur le rivage opposé de la Maine, nous fait penser que le moment est venu d'expliquer le nom de *Reculée* donné à ce canton.

Comme nous l'avons indiqué déjà, après la mort de

l'illustre duc de France, Robert-le-Fort (867), le farouche Hastings et ses Normands s'étaient emparés de la ville d'Angers. Ils l'occupaient depuis près de six ans, fiers des maisons et des remparts qui remplaçaient pour eux les misérables huttes des bords de la Loire, lorsque Charles-le-Chauve, politiquement et chrétiennement effrayé de cette prise de possession qui semblait fixer sur notre sol des étrangers et des païens, se mit à la tête de toutes les forces qu'il put rassembler et vint, aidé de Salomon, duc de Bretagne, meurtrier et successeur d'Erispoë, mettre le siége devant la ville qu'il voulait rendre à nos aïeux. Malgré des combats de chaque jour et l'emploi de puissantes machines de guerre, le siége n'avançait pas. Déjà même les assiégeants voyaient chanceler leur résolution, lorsque Salomon, placé sur la rive droite de la Maine, imagina d'employer ses soldats à détourner son cours. Il savait que les Normands portaient à leurs barques un attachement superstitieux, qu'elles étaient pour eux la fuite, le combat, la vie toute entière, et que donner aux ennemis la crainte de voir à sec leurs embarcations, était les frapper de découragement. C'est vers la tour Guillou que fut probablement commencée cette *reculée* de la Maine, à laquelle on dut immédiatement la délivrance de la ville. Hastings effrayé, offrit de l'argent et promit de sortir du royaume. On reçut l'argent, mais on ne sut étayer d'aucunes garanties des promesses qui furent bientôt violées.

Un exemple célèbre avait indiqué peut-être au duc Salomon le moyen efficace qu'il employa. Lorsque l'an

536 avant Jésus-Christ, Cyrus marcha à la délivrance des Juifs captifs depuis soixante-dix ans dans Babylone, on sait qu'il rendit inutiles les fameuses murailles à l'abri desquelles Balthasar se livrait aux fêtes, en entrant dans la ville par le lit même de l'Euphrate, dont il avait détourné les eaux. Quoique destiné à jeter l'effroi plutôt qu'à donner un passage, le moyen employé devant Angers était le même que celui mis en œuvre devant Babylone. Les deux récits, du reste, doivent concorder sur l'ivresse de la joie et la ferveur des actions de grâces de ces familles, rendues, les unes à leurs contrées, les autres à leurs demeures et à leurs temples.

Un autre genre de souvenir s'attache encore à ce coteau.

Porté à la rêverie et à l'amour de la solitude par le chagrin que lui causait la santé de plus en plus menaçante d'Isabelle de Lorraine, sa première femme, le roi René fit bâtir, dans le XVe siècle, au village de Reculée (que, sans raison apparente, quelques auteurs disent s'être nommé jadis *Herculée*), un petit manoir dans lequel il se rendait souvent. Il aimait à causer avec les pêcheurs de la rive et parfois, dit-on, crayonnait de sa main sur les murs de leurs demeures son portrait, qu'il ornait d'une inscription latine. Sa fille, la célèbre Marguerite d'Anjou, reine d'Angleterre, résida également dans ces lieux. Ce manoir, dont on aperçoit encore la tour, engagée dans des constructions modernes, s'appelait à la fin du siècle dernier la maison du *Roi des Gardons*. Ce nom faisait allusion aux cérémonies que René avait instituées parmi les pêcheurs du canton et, entr'autres, à la *charibaude*, feu de joie que le chef de la confrérie, le *Roi des Gardons* présidait, et qui s'allume encore chaque année à la fête de saint Pierre.

LA TRINITÉ.

L'église de la Trinité n'est pas de celles dont l'origine se perd dans la nuit des temps. Issue, pour ainsi dire, de l'abbaye de Sainte-Marie du *Ronceráy,* sa voisine, elle doit en partie sa construction à la splendeur de ce monastère, dont la renommée avait en peu d'années attiré, dans la *Doutre,* des habitants assez nombreux pour motiver l'établissement d'une paroisse nouvelle. Longtemps, dans les solennelles occasions, elle s'est plu, en fille reconnaissante, à prendre le nom de son origine, car, à la fin du siècle dernier, le pasteur de cette église s'appelait, aux assemblées synodales, curé de *Sainte-Marie* angevine.

Si l'on examine cette église à l'extérieur, on voit le plein-cintre seul marquer ses ouvertures. Mais, si on pénètre dans sa nef; si, surtout, on porte les yeux sur l'arcade ou abside qui donne entrée dans le chœur et dont les moulures peuvent frapper par leur singularité, on voit l'ogive se dessiner bien nettement dans cette partie. Cette alliance n'est pas sans un grand intérêt pour l'artiste. Elle indique la transition du style romano-byzantin qui, plus ou moins parfait, régnait depuis le commencement des églises chrétiennes, à ce style ogival qui, de Philippe-Auguste à François Ier, nous a dotés des admirables monuments si improprement nommés *gothiques*.

C'est, on le voit, l'origine de cette magnifique époque de l'art religieux en France, que nous apercevons dans les arcades, lourdes encore, de la Trinité. Sans doute, cette ogive n'est pas encore le *style ogival* qui se compose d'un ensemble de colonnettes, de nervures, de larges fenêtres à meneaux couronnés de trèfles, de clochetons et de pendentifs tout-à-fait étrangers à cette église. Mais nous avons déjà le trait saillant d'une physionomie qui se complétera bientôt.

Pendant le XIIe siècle, cette transition s'accomplit, et le style romano-byzantin achève d'expirer. Le XIIIe siècle, pendant lequel règne le style ogival primitif ou à *lancettes*, allonge en *fer de lance* les élégantes fenêtres de ses monuments. Nous dirons à la fois sa fécondité et ses merveilles en nommant les cathédrales de Cologne, Chartres, Saltzbourg, Paris (façade de Notre-Dame), Bruxelles (Sainte-Gudule), Yorck, Amiens, Burgos, Tolède, Reims et Beauvais. Nous pouvons citer encore une partie de la royale église de Saint-Denis et la cathédrale de Strasbourg, la cathédrale de Rouen, non loin de nous l'admirable chœur de la cathédrale du Mans, chez nous-mêmes, les ruines de l'église Toussaint.

Pendant le XIVe siècle, l'ogive des fenêtres s'élargit

et se divise par des meneaux de pierre surmontés de trèfles et de rosaces. Ces formes rayonnantes firent nommer style ogival secondaire ou *rayonnant*, celui de cette époque. Les ornements, les frontons aigus nouvellement élevés au-dessus des portails, s'exécutèrent alors avec une perfection que n'avait pas atteinte le siècle précédent. La grande nef de la cathédrale de Tours, de notables portions de celles d'Amiens, Bourges, Reims et Aix-la-Chapelle disent si cet éloge a rien d'exagéré.

Enfin arrive le XVe siècle; c'est le style ogival tertiaire; on l'appelle, selon les circonstances, *flamboyant*, *fleuri* et *panaché*. Tous ces mots qui peignent le luxe et l'*effet*, nous disent que l'élégance s'accrut encore, le travail devint plus exquis, les colonnes plus légères. Mais, si déjà dans le XIVe siècle, le style grave et imposant de la première époque ogivale n'était pas resté sans atteinte, ici la gloire de l'artiste fut encore bien plus vivement cherchée que ne fut suivie l'inspiration du fidèle. Des formes ravissantes de grâce, mais sans élan, annonçaient la venue du siècle de luxe et d'élégance toute mondaine, au sein duquel devait s'élever Chambord, et dont l'ogive devait à peine dépasser les premières années. Nous n'avons pas cru superflu de rappeler, en quelques mots, les phases diverses de l'ogive en présence d'un édifice qui rappelle l'introduction de cette importante forme artistique. Nous ne craignions pas de surcharger notre sujet, car, il faut bien le dire, la Trinité ne rappelle aucun événement bien digne de souvenir.

Il ne faut pas omettre toutefois de jeter les yeux sur un escalier tournant du XVIe siècle, situé au fond de l'église, et sur un buste du sculpteur Walter, rappelant les traits du vénérable abbé Gruget, curé de cette paroisse de 1784 à 1840. Il ne faut pas ignorer non plus que Jean de Lépine, a, dans le XVIe siècle, édifié la tour octogone qui surmonte cette église.

Comme tant d'autres édifices religieux, la Trinité est pressée par des bicoques. charmantes en dessin, mais fort laides en nature. Si Dieu chassa les marchands du Temple, nos édiles sauront, il faut l'espérer, les éloigner prochainement des parois. Il le faut pour l'aspect ; il le faut pour la convenance. La pierre qui, d'un côté, reçoit le parfum de l'encens, ne doit pas, de l'autre, servir de support à la chandelle et au cirage. La circulation aussi profitera grandement de ce soin, car on voit combien est peu dégagée l'ouverture de la rue du Godet qui conduit à l'ancien monastère du Ronceray.

SAINT-JACQUES.

On doit d'abord remarquer la construction du portail singulier de cette église. C'est un frontispice dont la date semble remonter au XIe siècle et qui se termine en un clocher plat et mince, comme si le monument n'avait jamais été destiné qu'à être vu de face.

Quoique grattée et écornée en plus d'un de ses détails, il faut savoir gré à cette partie de l'édifice d'annoncer si fidélement encore l'époque de son origine, car, l'archéologie satisfaite, l'histoire de notre ville trouve également ici une indication de quelque prix.

C'est encore le nom de Foulques-Nerra que nous allons écrire. La seconde enceinte qui, par ses ordres, avait étendu les remparts de notre ville, autrefois bornés au pourtour de la cité, jusqu'à la porte Girard au nord-est et au nord-ouest jusqu'aux rives de la Maine; le pont qu'il avait fait édifier sur cette rivière; les victoires décisives par lesquelles il avait enfin contraint les Bretons à laisser paisibles nos contrées, décidèrent par ce triple motif de voisinage, de sécurité et de faciles communications, le prompt agrandissement de la Doutre. Le couvent de Sainte-Marie-de-la Charité (le Ronceray) se reconstruisait splendidement, et allait bientôt voir s'élever près de lui l'église de la Trinité. L'abbaye de Saint-Nicolas avait convié ses Bénédictins à venir chanter leurs psaumes pour la délivrance miraculeuse de son fondateur. Une nouvelle paroisse s'éleva bientôt sur ce territoire qui, alors en grande partie occupé par des champs, doit à l'octroi moderne, l'honneur, que lui avaient refusé les murailles de saint Louis, d'être compris dans l'enceinte régulière de la ville. Il se trouvait là une petite chapelle placée sous l'invocation de saint Sébastien et desservie par un des prêtres de la Trinité, église qui comptait huit curés nommés par l'abbesse du Ronceray. Un d'eux fut chargé spécialement de ce canton qui, sous l'épiscopat d'Ulger, au commencement du XIIe siècle, fut érigé en cure, sous l'invocation de Saint-Jacques-le-Majeur.

Depuis quelques années, le chœur et une partie de la nef, entièrement délabrés, ont été reconstruits par les soins de M. Richou, architecte. Deux grandes verrières, représentant saint Jacques et saint Nicolas, deux plus petites représentant la Vierge et saint Pierre, complètent l'intérêt que cette restauration présente. Ces deux morceaux sortent de la fabrique de Choisy-le-Roi, et ne peuvent être cités par nous sans que nous rappelions les travaux du même genre qu'a entrepris avec succès M. Thierry, dans vingt de nos églises Nous ne saurions trop vivement souhaiter que les artistes consacrent leurs soins et leur génie à cet art sans lequel nos basiliques pourront relever leurs murs et leurs colonnes, mais ne retrouveront jamais leurs poétiques et mystérieuses clartés. Ce que M. Lobin vient d'achever à Tours, ce que M. Emile Thibaud a déjà commencé en Auvergne, pourquoi notre contrée ne pourrait-elle le réaliser complétement? Le vitrail de Saint-Laud, depuis longtemps acquis à notre ville, est venu avant ceux de Saint-Jacques, démontrer que le verre blanc est désormais impossible dans nos églises, même les plus humbles.

Il y a peu de temps encore, en suivant le chemin qui descend, à gauche du portail de Saint-Jacques, vers les rives de la Maine, vous auriez trouvé un établissement important pour notre contrée et l'aîné de tous ceux du même genre fondés plus tard dans le royaume. Nous voulons parler de la fabrique de *Tour-*

nemine, destinée aux toiles peintes ou imprimées, à l'instar de celles de la Perse et de l'Inde. MM. Danton frères obtinrent le 30 mars 1752 le privilége de cette industrie qui fut, plus tard, exercée pendant longtemps par MM. Lesourd-Delisle. De longs bâtiments, de vastes jardins, de profonds réservoirs occupaient ce vaste enclos, devant lequel se déroulent alternativement les flots verdoyants d'une prairie sans limites, ou les vagues envahissantes de la Maine prête à se glacer. Aujourd'hui l'immense couvent du Bon-Pasteur, fondé en 1710, et destiné principalement à donner un refuge aux pécheresses repentantes, occupe, outre le terrain primitivement affecté à ses besoins, le domaine de Tournemine et la maison de Belair, qui en forme l'extrémité.

SAINT-LAUD.

Les reliques de saint Laud, le célèbre évêque de Coutances, se sont reposées dans notre ville en trois endroits différents. L'église qui a été d'abord placée sous l'invocation de ce saint ne montre plus que quelques ruines achevant de s'écrouler, à trois cents pas d'ici. Le lieu de prières où nous entrons n'avait pas d'autre destination que de servir de chapelle à un couvent de Récollets.

Expliquons un peu tout ceci.

Notre vaillant chef Ingelger, le premier de nos comtes héréditaires, investi du commandement de la province vers la fin du IXe siècle (voyez page 14), fit bâtir dans l'enceinte de notre château, près de son palais, une chapelle dédiée à sainte Geneviève, chapelle qui, croit-on, a été restaurée au XIe siècle par Geoffroy-Martel, fils de Foulques-Nerra. La renommée de notre comte valut à cet humble oratoire un dépôt précieux. Les guerres, les incursions continuelles du temps faisaient craindre pour des reliques que l'on considérait comme l'honneur, la richesse et la sécurité en même temps des cités qui les possédaient. Les Bretons effrayés, confiaient à notre Saint-Serge les reliques de saint Brieuc. Les Tourangeaux guerroyaient pour conquérir celles de saint Martin : les Neustriens (depuis Normands) résolurent de placer la châsse de leur saint évêque sous la protection de l'épée redoutée d'Ingelger. On nous apporta donc à Angers les restes vénérés de saint Laud, ce prélat qui, vers la fin du Ve siècle, avait mérité, par sa sagesse et sa science précoces, si l'on en croit quelques chroniqueurs, d'être nommé évêque et de succéder à saint Possessor, à l'âge de 12 *ans*. Le nom d'une ville importante nous dit assez quelle renommée avait acquise ce saint personnage. On sait, en effet, que saint *Lô* et saint *Laud* ne forment qu'un même nom, cette dernière orthographe étant probablement née de l'épithète *Laudatus* qu'il mérita si souvent et ayant, par une sorte de jeu de mots, pris, chez plusieurs, la place du nom originaire. C'est à Sainte-Geneviève que la châsse fut déposée. Elle s'y trouva accompagnée, selon notre annaliste Hirel, des reliques de saint Ronfare, saint Marculphe et saint Camille, dont nous ne parlons qu'en passant, pour faire juger par cette nomenclature de l'esprit du temps et de la confiance qu'inspirait la bravoure de nos comtes.

Les reliques de saint Laud voulaient des offices nombreux. Un chapitre fut créé : il reçut pour sa dotation le dixième de la monnaie frappée à Angers, une partie de la forêt de Chambiers, près de Durtal, et, non loin de là, des terres sur un point qui se nomme encore aujourd'hui commune de la Chapelle Saint-Laud.

Ces chanoines devaient émigrer bientôt. Le temps approchait où, les querelles de province à province semblant ne plus suffire à l'histoire de notre contrée, l'Anjou allait devenir le théâtre des événements les plus graves et les plus dramatiques. On devine à ces mots les longues, les cruelles dissensions qui, à la mort de Richard Cœur-de-Lion, roi d'Angleterre et comte d'Anjou, s'élevèrent, pour la possession de la couronne et de notre province, entre Arthur de Bretagne et Jean-sans-Terre, quatrième fils de Henri II; guerres que complique l'intervention de Philippe-Auguste, roi de France, que poétise l'imposant caractère de notre sénéchal Guillaume Desroches, et que termine, à Rouen, l'assassinat d'Arthur, frappé de mort par son compétiteur, en 1216.

C'est, on le sait, à l'occasion de ces guerres incessantes que fut construit notre redoutable château.

Un castel ainsi muré, bastionné, n'offrant pour entrée qu'un pont-levis défendu par une herse et protégé par l'arbalète des sentinelles, n'était plus un séjour convenable pour un lieu de prières. Saint Louis, qui venait d'ordonner cette édification, voulut que les reliques déposées dans la chapelle Sainte-Géneviève et le chapitre créé (1232) pour prier auprès d'elles, fussent transférés dans l'église de Saint-Germain-hors-les-murs.

Cette église de Saint-Germain s'élevait dans le lieu qu'on nomme aujourd'hui Cour Saint-Laud. Quelques-uns de ses arceaux ruinés apparaissent encore en face des maisons du Tillet et de Beauregard. Or, le célèbre nouveau-venu ne fut pas plutôt entré dans ce temple, qu'il en fut considéré comme l'hôte principal et presqu'unique : saint Germain, cet éloquent Auxerrois qui, aidé de saint Loup, évêque de Troyes, combattait au loin le Pélagianisme et multipliait autour de lui les heureux par une générosité poussée jusqu'à une complète dépossession de ses biens; saint Germain se vit bientôt presqu'oublié et notre ville entière sembla partager cet abandon. On ne nomma plus l'église que Saint-Laud : notre rue Saint-Nor prit le nom de rue Saint-Laud. Lorsque, dans l'église actuelle, il fallut dessiner une image sur le vitrail qui éclaire le chœur, ce fut celle de saint Laud encore. On voit bien, il est vrai, près d'un petit autel, une vieille statue que l'on dit être celle de saint Germain : mais ceci est connu d'un vingtième des paroissiens au plus et n'empêche nullement la dépossession réelle dont nous parlons.

Vers le commencement du XIIIe siècle, un don bien précieux vient se joindre aux reliques de saint Laud.

Quatre morceaux du bois de la vraie croix, apportés de la croisade par un seigneur qui, si l'on en croit le récit populaire, les aurait tenus pendant le voyage, cachés dans sa cuisse, furent donnés au chapitre par Foulques-Nerra, selon quelques auteurs, par les princes d'Anjou-Sicile, selon d'autres. Egarés au temps de la révolution, un de ces fragments a été retrouvé et remis par l'évêque d'Orléans, Bernier, à l'église St-Laud, dont, comme on sait, il avait été curé. Un autre morceau du bois sacré, donné par un archevêque de Corinthe, forme avec le premier une croix qui occupe aujourd'hui le centre ou transept d'une croix en vermeil haute d'environ 50 centimètres. Enfin, une croix en cristal, placée au-dessus de l'endroit où reposent les deux reliques, est entourée de pierreries.

On sait que la croix de Saint-Laud d'Angers était devenue, dans le XVe siècle, une garantie de la fidélité des serments; la croyance était alors établie que quiconque se parjurait sur elle mourait dans l'année. L'astucieux Louis XI partageait cette conviction et, en 1470, à la suite de la ligue du Bien-Public, il fit porter la croix de Saint-Laud à Nantes, en ordonnant au duc de Bretagne de jurer qu'il demeurerait fidèle à la royauté. Il se considérait lui-même comme soumis à cette loi; aussi les promesses qu'il faisait sur cette relique étaient, ainsi que l'atteste entr'autres Commines, les seules qui pussent inspirer quelque confiance.

L'église Saint-Laud fut détruite, comme tant d'autres, par l'orage révolutionnaire : le culte, au moment où il fut rétabli, la fit revivre au lieu où elle se trouve maintenant. Cette humble nef, depuis agrandie, était, nous l'avons dit, la chapelle des Récollets. Qu'on nous laisse expliquer l'établissement de ces religieux parmi nous : peut-être même bien des personnes n'ont-elles pas une idée fort nette de leur nom et de leur origine.

A la fin du XIIe siècle (1182), un marchand de la ville d'Assise, dans les Etats romains, voyait naître un fils nommé *Jean*, qui lui-même commença par s'adonner au négoce. Son extrême facilité à parler la langue de notre pays, nécessaire aux relations de son commerce, lui fit donner le surnom de François. On sait que nos mots Français et François avaient alors une seule et même prononciation. Les Médicis devaient commencer, beaucoup plus tard, à introduire dans notre langue, cette mignardise italienne qui a créé la différence actuelle, et cet usage n'était pas encore assez répandu sous Louis XIV pour que le puriste Boileau hésitât à écrire, entr'autres, ces deux vers si connus :

> Durant les premiers ans du Parnasse françois
> Le caprice tout seul faisait toutes les lois.

C'est ainsi que Jean reçut un sobriquet qu'il devait immortaliser et faire inscrire au catalogue des saints sous le nom de saint *François* d'Assise. Entraîné par sa piété, François quitta la maison paternelle, se vêtit d'une tunique que serrait une ceinture de corde et se vit bientôt entouré d'imitateurs ou de disciples assez nombreux pour qu'il créât une règle, que le pape Innocent III approuva (1210). Ainsi naquirent les Franciscains qui prirent l'humble qualité de Frères *mineurs,* et auxquels un trait honorable devait bientôt donner un autre nom. Un certain nombre de ces religieux avaient suivi saint Louis en Terre-Sainte. L'ennemi s'étant présenté à l'improviste, ils aidèrent un capitaine flamand à le repousser. Le roi ayant voulu savoir à qui il était redevable de ce service, le capitaine étranger, peu au courant des divers ordres, ne put que lui désigner ceux qui étaient *liés de cordes.* C'est de là, selon Moréri, qu'est venu leur nom le plus habituel de *Cordeliers.*

En mourant (1226), François d'Assise défendit de rien changer à sa règle. Mais à peine avait-il fermé les yeux, que cette règle fut interprétée et l'habit modifié de vingt manières, bien que, si l'on en croit les chroniqueurs, le premier qui osa tenter une innovation ait été frappé de la lèpre et se soit pendu de désespoir. Au nombre de ces innovations, qui ont produit les Capucins, les Picpus, les Observantins, se trouve la réforme de ceux qu'on nomma les Récollets, parce qu'ils annonçaient vouloir instituer une règle plus sévère que l'observance ordinaire et se reprendre, se recueillir, *se recolere.* Cette réforme, née en Espagne, puis passée en Italie (1525), fut introduite en 1592 à Nevers par Louis de Gonzague.

Le roi René avait, comme nous l'avons dit, fait de la Baumette (1464) un couvent de Cordeliers. La réforme nouvelle était venue frapper à la porte de ce monastère (1598), lorsque, 154 ans plus tard, Henri IV alla le visiter. Henri ayant demandé ce qu'il pourrait faire pour la maison : *Accordez-nous pauvreté et réforme,* lui dit le gardien ; et le roi de répondre gaiement : « Ventre saint gris, je vous l'accorde, car vous » êtes le premier dans mon royaume qui m'avez demandé la pauvreté ! »

Bien avant cette époque, le jeune Rabelais, né à Chinon en 1485, avait demeuré pendant quelques mois chez les Cordeliers de la Baumette : il n'y fit, dit-on, guères plus de progrès dans ses premières études, que chez les moines de Suillé, qu'il quittait. Il devait un jour joindre le souvenir des frères *mineurs* qui lui avaient donné l'hospitalité, à celui des frères *minimes,* créés vers le milieu du XVe siècle, par saint François de Paule, en Calabre, et, dans son humeur satirique, nous donner ses deux chapitres des Fredons, disant qu'en terre-ferme habitoyent les frères *petits,* les frères *mineurs*.... les frères *minimes*.... « Et que du nom » plus diminuer ne se pouvoyt qu'en *Fredons :* » puis se moquant toujours, il donne à ces pères des cloches « de fin duvet contrepoincté et le batail estoyt d'une » queue de regnard... »

Nous ignorons si la cloche de nos Récollets d'Angers était, elle aussi, de duvet contrepoincté, mais nous savons qu'elle suffisait pour les éveiller à l'heure du dévouement et du zèle. Une maladie contagieuse ayant, au commencement du XVIIe siècle, envahi la ville d'Angers et le clergé de notre cité ne pouvant suffire aux soins qu'exigeaient les nombreux malades de chaque jour, des religieux de la Baumette furent appelés et, en 1640, ils commencèrent à bâtir leur demeure, qui joint l'église d'aujourd'hui et qui fut améliorée en 1692 avec l'aide de cent livres d'aumône et quelques autres dons, votés par le conseil de la commune « en » considération des services que les Récollets avaient » rendus et rendaient au public... »

Nous aurons achevé ce qui touche l'église Saint-Laud lorsque nous aurons signalé sur l'un de ses autels, la présence d'une petite statue dont nous nous occuperons en parlant de la chapelle de l'Esvière.

EGLISE NOTRE-DAME ou l'ORATOIRE

Rue Saint-Michel.

C'est le jour de la Saint-Martin 1611, à Paris, que le cardinal de Bérulle fonda la congrégation de l'*Oratoire de Jésus,* sur le modèle, un peu modifié, de la même institution, créée à Rome par saint Philippe de Néri.

On sait quels services, cette compagnie, rivale de la compagnie de Jésus, a rendus à l'instruction. Le premier collége de l'Oratoire a été établi à Dieppe. A Paris, cet Ordre occupait, rue Saint-Honoré, cet édifice contigu à la rue de l'Arbre-Sec qu'avoisine encore aujourd'hui la rue de l'*Oratoire,* et qui sert de temple protestant.

Accueillis par la municipalité d'Angers (1620) et favorisés par Marie de Médicis, les Oratoriens établirent, non sans discussions avec l'Université, touchant l'étendue de leur domaine d'enseignement, avec les Ursulines touchant les limites de leur domaine matériel, un collége dont cette église formait la chapelle.

C'est dans cette église que Jacques II alla entendre la messe avant de se rendre à Brest (1694) où étaient arrivés ceux de ses sujets restés, après la prise de Limmerick, fidèles à son infortune.

Depuis peu d'années, l'église de l'Oratoire a été agrandie et a vu sa nef basse et étroite complétement renouvelée par les soins de M. l'architecte François Villers.

ÉGLISE DES URSULINES,

Près de la rue de l'Hôpital.

Le 71e évêque de ce diocèse, Fouquet de la Varenne, nommé en 1616, institua deux années plus tard à Angers un couvent d'Ursulines, ordre qu'en 1537, Angèle de Bresc avait créé en Italie. Cet institut, placé sous la règle de saint Augustin, avait obligation de tenir une école de filles qui existe encore aujourd'hui.

La chapelle des Ursulines, ouverte au public, présente un rétable d'autel curieux. Il est décoré de statues, parmi lesquelles celles des quatre évangélistes, surtout, sont loin de manquer d'élégance et de vérité; on doit louer également l'ordonnance générale de la décoration. Ces statues en terre cuite sont peintes et offrent, quoique moins parfaites, beaucoup d'analogie avec celles qui ornent la chapelle de la Barre, construite vers 1670, près de la route de Nantes et dépendant de l'ancienne abbaye de Saint-Nicolas. Des recherches récentes ont révélé à un Angevin (M. Béclard), le nom, resté trop longtemps ignoré, de l'auteur de ces dernières œuvres; c'est Biardeau, né au Mans, créateur des Vierges placées en 1658 sur les portes de sa ville natale et, surtout, des statues de l'autel des agonisants, des Petits-Augustins de Paris.

En 1815, les Prussiens, qui occupaient Angers, avaient transformé cette chapelle en temple protestant.

SAINT-JOSEPH,

Près du faubourg Bressigny.

L'église qui, récemment encore, servait au culte de la paroisse, n'était autre que la chapelle du collége bâti vers 1780, par l'architecte Delaunay, pour les Ignorantins, et devenu depuis la Révolution le collége ou lycée de la ville. Elle n'a rien de remarquable.

Une nouvelle église, avoisinant également le faubourg Bressigny, achève d'élever ses tours et vient de s'ouvrir aux prières des fidèles. Cette église présente une façade dans le style de transition de la fin du XIIe siècle et décorée d'une vaste rosace. Les deux clochers, qui seront terminées par des flèches, placés de chaque côté de la façade, auront 60 mètres de haut. L'élévation du sol à la clef de voûte est de 25 mètres.

Le plan de l'église offre l'aspect de la croix latine avec un chœur circulaire ayant en annexes deux sacristies; sa longueur totale est de 55 mètres, et sa largeur de 15 mètres.

Les arètes sont dans le style Plantagenet à nervures en coupole, entièrement exécutées en briques.

Les croisées et les rosaces ne sont pas encore garnies de leurs vitraux; ceux-ci, sans doute, ne leur feront pas défaut longtemps.

L'église a été élevée à l'aide de souscriptions, le pasteur de la paroisse ayant consacré, comme naguères son prédécesseur, celui de Saint-Nicolas, de Nantes, ses pensées et ses démarches incessantes au soin de remplacer sa chétive et insuffisante chapelle par un temple vraiment digne de ce nom. L'édifice a été bâti sur les plans de M. François Villers, architecte, dont les constructions sont si nombreuses dans notre ville et dans toute la contrée. Le travail général d'édification et, entr'autres, le fini de la toiture en ardoises, doivent être remarqués.

ÉGLISE DE LA MADELEINE,

Route de Saumur.

Vers le XIe siècle, des bourgeois d'Angers ont charitablement fait construire cette église destinée au soulagement et à la guérison des lépreux.

Elle sert au culte comme annexe de l'église Saint-Joseph.

TEMPLE PROTESTANT,

Près du Musée.

Notre 46e évêque, le savant Ulger, élu en 1124, l'un des principaux propagateurs de la science dans l'Anjou, avait, au nombre des hôtelleries ou prieurés qui offraient asile aux étudiants venus pour écouter les leçons de notre Université, fondé le collége Saint-Eloi, attribué à l'abbaye de Marmoutiers et plus tard réuni au petit séminaire, devenu de nos jours caserne d'infanterie.

Cette chapelle qui porte encore, par les détails principaux de sa construction, témoignage de son origine, a servi pendant longues années, à l'école de dessin. C'est sur les bancs qu'elle abrite que notre sculpteur David a été initié aux premières règles de son art. Fondée pour la science, elle se montrait encore, on le voit, fidèle à la pensée de sa création.

Depuis le mois d'octobre 1850, cette chapelle est devenue temple de l'église réformée. L'école de dessin a été alors transférée à l'étage supérieur, dans une salle élevée au-dessus de la voûte et portant extérieurement le blason de l'évêque d'Angers.

ÉDIFICES RELIGIEUX

ABANDONNÉS OU EN RUINES.

ÉGLISE SAINT-MARTIN,

Place Saint-Martin.

Ce vaste magasin de bois de chauffage dont une maison moderne masque l'entrée, est, aux yeux des archéologues, un des monuments carlovingiens les plus curieux que possède la France. Les souvenirs de la reine Hermengarde, belle-fille de Charlemagne, de notre comte Foulques-Nerra et du roi René, s'y réunissent pour attirer l'attention et le respect sur cette construction déjà si recommandable par ses qualités architectoniques.

Sachons d'abord son origine.

Quatre ans s'étaient écoulés depuis que Louis-le-Débonnaire (818), se trouvant près de ces lieux, à Doué, au milieu de ses Etats réunis le jour de la Chandeleur, y avait appris la mort de son illustre père, Charlemagne. Déjà, la division avait éclaté entre lui et ses fils, avec lesquels il avait partagé l'empire. Bernard, son neveu, avait ourdi cette conspiration dont il fut puni par la cécité; Lothaire, cette révolte qui finit par une amende honorable. Les Bretons, indomptables dans leur indépendance, crurent le moment favorable pour se soulever, Morman à leur tête. Louis vint en toute hâte réprimer cette sédition. Pendant qu'il se rendait du côté de Vannes, pour y combattre, il laissa dans notre ville Hermengarde, qu'il venait d'épouser. Celle-ci avait toujours affectionné au plus haut point notre pays. Elle le revoyait, hélas! accablée par la souffrance. Atteinte de fièvres opiniâtres auxquelles la science cherchait en vain quelque soulagement, elle porta ses prières et ses vœux vers une petite chapelle à moitié ruinée, dédiée à Saint-Martin, et promit de faire construire à sa place une église splendide, si ce grand saint obtenait pour elle la convalescence. Bientôt, souffrant toujours, elle voulut prendre les devants sur son protecteur et fit commencer l'église; mais, le 30 octobre 819, elle succomba et fut enterrée dans la cathédrale d'Angers.

Louis, vainqueur, était revenu depuis un mois près d'Hermengarde. Son premier soin, dans sa douleur, fut d'achever la fondation de son épouse bien-aimée, terminant ainsi sous l'oppression des regrets ce qui avait été commencé sous les inspirations de l'espérance.

Son œuvre vit encore dans ces quatre magnifiques arcades plein-cintre, à grande ouverture, sur lesquelles repose la lourde tour carrée ; dans ces quatre prodigieuses colonnes, de trois mètres de circonférence, enchâssées dans des angles profonds, sur les chapiteaux desquelles s'élèvent à côté de nouveaux arcs, quatre autres colonnes qui servent de base à un dôme plein-cintre et sans nervures. Pour cette partie, du IXe siècle, la construction se compose en général de petits moëllons encadrés dans de larges pierres de taille séparées entre elles par des assises de grandes briques. L'absence de toute ardoise dans ces murs fait penser que cette richesse de nos pays n'était pas encore exploitée. C'est le dernier monument de l'Anjou où l'on remarque des briques, le premier où l'on rencontre un dôme.

Nous devons ajouter que la tour carrée et le chœur de Saint-Martin ne sont plus ceux construits par l'impératrice Hermengarde. Foulques-Nerra ne pouvait manquer de remédier à l'abandon qui, dans le Xe siècle, par suite sans doute de la croyance à la fin du monde annoncée pour l'an mil, avait privé cette église de toute réparation. Il édifia la tour massive qui nous reste et commença la reconstruction du chœur, vers l'année 1020. Le roi René acheva son œuvre, en ayant soin, toutefois, de se conformer au style qui avait déjà présidé à la réfection de la tour. On doit remarquer dans la voûte de ce chœur des trous symétriquement disposés en triangle et contenant des vases de terre grise d'un pied de long sur un peu plus de largeur à leur orifice. On ne peut voir dans leur présence qu'un procédé d'acoustique dont les théâtres de Grèce et d'Italie recevaient, disent Pline et Vitruve, de fréquentes applications.

L'heureux passage du premier jour de l'an mil et le respect pour la royale fondatrice de ces murs, ne furent peut-être pas les seuls motifs qui pressèrent Foulques Nerra de rebâtir somptueusement cette basilique. Notre comte Ingelger y avait déposé, vers la fin du IXe siècle, un trésor d'un bien grand prix pour ce temps.

La bravoure de ce premier de nos comtes héréditaires avait déterminé les habitants de Rouen à chercher dans notre ville un refuge pour les reliques de leurs saints, Laud et Ronfarc. Ce fut également à son courage que s'adressèrent les Tourangeaux pour rentrer en possession du corps de saint Martin, porté à Auxerre, dans la crainte des Normands qui venaient de massacrer cent-vingt moines de Marmoutiers. Les Auxerrois étaient si fiers et si heureux de ce dépôt que, manquant à toute équité, ils refusaient de le rendre.

Notre vaillant comte Ingelger fut prié par les habitants de Tours, d'aller expliquer leurs griefs aux Auxerrois, à la tête de six mille combattants. Ainsi harangué, l'évêque Amaurius ne put refuser justice et la châsse reprit en grand triomphe le chemin, vers 910, de la Touraine. Ingelger se vit entouré d'une reconnaissance aussi vive que s'il avait sauvé la ville entière. On lui donna pour attester et récompenser en même temps le pieux service qu'il venait de rendre, un bras du saint évêque, et il s'empressa de déposer cette relique dans l'église qui nous occupe. Nos comtes et nos ducs témoignaient une vénération particulière à ce temple qu'ils nommaient leur *sainte chapelle* et ils se plaisaient à le décorer de leurs plus riches ornements.

En quel état cette *sainte chapelle* est-elle aujourd'hui? Faut-il à jamais renoncer aux souvenirs et aux enseignements qu'elle renferme, pour voir uniquement le nombre de piles de bois qui peuvent se cuber sous ses voûtes neuf fois séculaires? Une louable initiative a été prise à cet égard en 1847 : les ministres, les fonctionnaires, les particuliers s'étaient concertés avec empressement pour assurer une somme qui pût acheter l'*immeuble,* et, ensuite, le restaurer de manière à le rendre au culte. Survint février 1848 et rien ne s'est fait, si ce n'est la maison qui cache un peu plus complétement l'église et rendra plus coûteuse encore toute réfection à laquelle on pourra songer plus tard.

Nous ne quitterons pas ce lieu sans jeter les regards sur un édifice bien différent de celui-ci, mais également déshérité de ses chants et de ses splendeurs d'autrefois.

Cette maison, qui occupe la partie opposée de la place et qui contient une imprimerie, fut longtemps connue à Angers sous le nom de *Maison des Arts*. Elle avait mérité ce titre dès le dernier siècle, par les leçons de philosophie, de rhétorique et de grammaire qui y étaient instituées. Pendant la Révolution, on sembla consacrer ce passé intellectuel par le nom de rue du *Génie* donné, en 1791, à la rue *Haute-St-Martin,* qui s'enfuit à notre droite. En 1817, la *Maison-des-Arts* mérita un baptême nouveau. Des dissentiments auxquels les événements politiques n'étaient pas complétement étrangers, avaient rendu trop peu homogènes les éléments de la société philharmonique qui se réunissait alors à la Mairie actuelle. Une nouvelle institution, fondée dans le même but, fit reconstruire cet édifice. La musique devait être le principal; la danse devait la suivre et rester l'accessoire. La réception de trop nombreux abonnés, la tiédeur qui en résulta chez quelques exécutants, cet esprit d'indifférence et même de division, qui, nous savons trop pourquoi, souffle depuis quelques années sur les arts et les plaisirs de tant de nos cités, amenèrent peu à peu la disette musicale, puis l'éloignement, puis enfin, le silence dans ces vastes salles où se sont passées tant de belles soirées. Nous avons entendu là Romagnesi, Baudiot, Lafont, Ernst, Brod et Franchomme.

Mais Angers paraît n'avoir plus besoin d'une *Maison des Arts*; son goût philharmonique, autrefois si vanté, semble s'être anéanti. Est-ce donc depuis que tout le monde apprend la musique, que l'on se borne à disserter sur cet art, et ces éducations, méritoires pourtant, de musiciens créés par masses, ne sauraient-elles donner un seul exécutant digne de ce nom? A quel nombre ne sont pas réduits les instrumentistes de la ville? Or, sans instruments, pas d'orchestre et, sans orchestre, pas de théâtre... Certes, c'est bien ici qu'il convient de faire des réflexions : mais il faudrait qu'elles fussent répétées et entendues de toutes parts....

CHAPELLE DE L'ESVIÈRE,

Mont de l'Ésvière.

Nous ne pouvons nous dispenser d'arrêter le lecteur devant cette chapelle en ruines dont on aperçoit à travers une grille les détails délicats. Nous dirons d'abord quelques mots de la colline qui lui sert de piédestal. Les observations faites dans les diverses directions qui conduisent à ce lieu suffisent pour remarquer toute la gracieuse variété du paysage. A partir du pied du mont de l'Esvière s'arrondit l'immense bassin qui, dès champs Saint-Martin au coteau des Fouassières, étend ses parois, resserrées au sud par les rochers de la Baumette. Dans cette large vallée, la Maine chemine d'habitude au milieu de verdoyantes prairies; chaque hiver, elle y confond ses ondes dans celles d'un vaste lac, océan d'un jour, au milieu duquel les têtes émondées des saules, perçant çà et là les vagues de leurs branches hérissées, annoncent que le déluge n'a fait en ces lieux qu'une conquête passagère, et que le printemps saura bientôt y reconquérir ses droits. Charmés par un aussi attrayant paysage, les Romains, au temps de Jules César, firent, assure-t-on, construire à l'Esvière des thermes dont il ne reste plus de vestiges. Ces bains auraient été alimentés par une fontaine qui existe encore près de la route des Ponts-de-Cé. Il est certain, du moins, qu'un aqueduc a été construit en cet endroit, car un acte de 1078 contient vente de cet aqueduc aux moines du prieuré de l'Esvière, par Robert le Bourguignon, seigneur de Sablé. Le nom latin *aquaria,* donné anciennement à cette colline, doit encore rendre plus probable la destination de son premier édifice.

Vanter les avantages d'un site, c'est presque dire qu'un monastère devait s'y fonder au moyen âge. Les murs ou les ruines de nos anciens couvents sont là, en effet, pour attester avec quel soin se choisissait le lieu de leur construction. Profitant avec habileté des facilités presque sans limites qui leur étaient données à cet égard, les abbés, les seigneurs savaient, suivant la règle et l'esprit du monastère futur, l'exposer aux vues riantes qui aident l'étude et égaient les savants entretiens, ou le cacher dans les épaisses forêts dont le silence et l'ombre conviennent aux méditations sérieuses. La colline de l'Esvière ne pouvait, à ce titre, être longtemps négligée. Elle échut aux disciples érudits de saint Benoît.

Geoffroi II, dit Martel, un des plus valeureux et même des plus batailleurs comtes de notre Anjou, avait après la mort de son père, le célèbre Foulques-Nerra, porté ses armes victorieuses contre un grand nombre de ses voisins. Il avait soumis successivement les comtes de Poitiers et du Mans; Thibault III et Etienne, comtes de Blois, et enfin, Guillaume V, duc d'Aquitaine, défait près de Saintes, dans un lieu où les Poitevins prisonniers furent, dit-on, honteusement liés avec les cordes qu'eux-mêmes avaient préparées pour lier les vaincus. Ce malheureux Guillaume, jeté en prison, y mourut au bout de trois ans, et sa veuve, Agnès de Bourgogne, se remaria avec le vainqueur du défunt. Or, vers 1049, Geoffroi Martel et sa nouvelle épouse se trouvaient au château de Vendôme, lorsque, dit la chronique, trois *étoiles filantes* en forme de lance s'abaissèrent du ciel à leurs pieds. Cette apparition, ces lances renversées, signifiaient évidemment que le temps des combats était fini et qu'il ne restait qu'à remercier Dieu des victoires obtenues tant de fois. Le triple rayon de lumière disait clairement aussi sous quelle invocation devait être placée l'œuvre consacrée à rappeler ce miracle...

C'est alors que Geoffroi fonda dans la ville de Vendôme l'abbaye de la Trinité, qu'il dota richement et dont l'église, rebâtie, est encore le plus bel édifice religieux de la contrée.

Pour fixer dans sa ville même le souvenir de la création dont il venait de favoriser Vendôme, Geoffroi y fonda une succursale de son abbaye de la Trinité et plaça ce nouveau monastère à l'Esvière. C'est vingt ans environ après leur établissement que nous voyons les Bénédictins de ce lieu passer avec le seigneur de Sablé le contrat d'acquisition dont nous avons parlé plus haut.

Foulques IV, dit le Réchin, comte d'Anjou, fut, en 1109, inhumé parmi eux.

Pour quiconque a la moindre idée des différents styles d'architecture que chaque siècle nous a légués, il est évident que la chapelle n'appartient en rien au monastère du XIe siècle, dont la science retrouve avec peine quelques traces aujourd'hui. C'est du XVe que date cette construction. Yolande d'Aragon, mère de notre roi René, cette princesse à laquelle on doit, entre autres monuments, la belle chapelle en style ogival qui s'élève au milieu de la cour du château d'Angers, est signalée par la chronique comme l'héroïne d'un événement qui amena la fondation de la chapelle actuelle de l'Esvière. « Si advint, environ l'an de grâce » 1400, » dit Bourdigné, dont le langage naïf sait prêter tant de charme à ce genre de récits, « que elle es- » toit un jour issue hors son puissant chasteau d'An- » giers, par la porte que l'on appelle la porte des » Champs, se déduysant par récréation avecques ses » gentilz hommes et damoyselles, et s'en alla esbatant » jusques au prieuré de l'Esvière, qui est assis assez » près d'icelluy chasteau, sur le fleuve de Mayenne. » Et pour ce qu'elle veit le lieu délectable et en bel » air, elle se assist à terre en regardant et prenant » grant plaisir à veoir la situation et antiquité du lieu, » et pareillement à regarder quatre ou cinq jeunes » chiens espaigneux qui l'avoient suyvie, lesquelz bril- » loient en ung buysson auprès d'elle, et monstroient » bon debvoir de faire saillir quelque beste hors de là » dedans. Et ainsi que la royne regardoit ce passe- » temps, pensant que ce povoit estre à qui ses chiens » menoient la guerre, saillit du buysson ung connin » (lapin), lequel, comme effrayé de la noyse et abbay » des chiens, acourut vers la royne, se mist en son gi- » ron, et là se arresta, et fut long temps ainsi comme » à reffuge et sauvegarde. La royne le chérissoit et

» touchoit de la main sans qu'il voulust partir, et sembloit à veoir qu'il eust du tout mys en oubly sa nature sauvage. La royne, ce voyant, estoit fort joyeuse, néantmoins luy jugeoit le cueur que c'étoit quelque indice et démonstrance. Si manda que l'on luy amenast gens pour le buysson deffrouer et abatre, et le faulx et terrier du connin chercher pour sçavoir dont il étoit sorty. Par le commandement de la royne fut le buysson incontinent rasé, et commencèrent à bescher tant que ilz trouvent une petite voulte en terre, en laquelle estoit une ymage de la glorieuse Vierge Marie, tenant son enfant entre ses bras, et devant elle une lampe de verre. Et quant ceulx qui beschoient eurent trouvé ce bel ymage, ilz le présentèrent à la royne, qui moult en eust grant joye, et à grant plaisir et dévotion le receut. Si alla visiter le lieu où l'on l'avoit trouvé, et y feist faire ung petit oratoire, et en bref y eut beau voyage et plusieurs miracles faictz. Mais, depuis, ung vénérable religieux nommé frère Jehan Souchard, meu de dévotion vers la glorieuse mère de Dieu, feist en ce lieu bastir une très belle et dévocieuse chappelle, appellée Nostre Dame de soubz terre, et en icelle honnorablement colloqua l'ymage de la glorieuse Vierge, trouvée ainsi que avez cy devant ouy. Et fut l'édification d'icelle chappelle l'an de Nostre Seigneur mil quatre cens cinquante. »

Cette légende est bien longue et, peut-être aussi, bien connue. Mais, elle a une telle couleur du temps que nous avons cru devoir l'emprunter pour mieux faire connaître l'origine de l'édifice. Quant à la statue découverte par Yolande d'Aragon, elle a été conservée fidèlement, assure-t-on, et est déposée aujourd'hui sur un des autels de l'église Saint-Laud.

Mgr Angebault, évêque d'Angers, a fait tout récemment construire à quelques pas plus à l'ouest, cette belle villa qu'accompagne une chapelle élégante offrant, surtout, de fort beaux vitraux sortis des ateliers de M. Thierry, d'Angers. Pendant la belle saison, l'administration de l'évêché est transférée dans cette riante demeure.

ÉGLISE TOUSSAINT,

Rue Toussaint.

Qu'était cette église ruinée, devenue une sorte de Campo-Santo? Qu'était cette abbaye, formant aujourd'hui le dépôt des subsistances militaires?

Le sol sur lequel s'élève l'abbaye de Toussaint était jadis un cimetière destiné aux pauvres. Girard, chanoine et chantre de Saint-Maurice, recommandé par le souvenir de mille bienfaits et nommé par un auteur contemporain le Vincent-de-Paule de notre ville, fit construire en ce lieu un petit oratoire dédié à tous les saints. On était alors aux dernières années du gouvernement de Foulques-Nerra et sous l'épiscopat d'Hubert de Vendôme, mort en 1047. Bientôt, en 1049, l'oratoire fut donné aux moines de la Trinité de Vendôme, avec des fonds suffisants pour établir au même endroit un prêtre chargé de visiter les malades et d'inhumer les indigents. Geoffroi Martel approuva cette fondation qui, sous l'épiscopat de Renaud III, dit de Martigné, fut abandonnée par les Bénédictins et occupée par des religieux de l'ordre de saint Augustin, jusqu'à la Révolution. En 1608, deux années avant sa mort, Henri IV fit don de ce couvent aux sieurs de Crissé et d'Armagnac. Si l'on ajoute à ce peu de faits la richesse toujours croissante du monastère et la reconstruction de ses bâtiments vers la fin du XVIIe siècle, on aura l'histoire suffisante de cet ancien couvent.

Les ruines qui le touchent méritent une bien autre attention.

Il est difficile de rien rencontrer de plus gracieux et de plus saisissant, que l'effet produit par cette église de Toussaint, au moment où l'on pénètre sous ses voûtes depuis longtemps imaginaires. L'indifférence pour le passé, à une époque que les intérêts du présent devaient, on le conçoit, préoccuper sans réserve, laissa, en 1815, tomber le faîte de l'élégant sanctuaire. Mais, semblable au statuaire qui d'un tronçon vous désigne une lance, le temps a su, par le seul jet des fragments de colonnettes demeurés aux pilastres, indiquer la haute portée des voûtes et l'extrême délicatesse de leurs filets. Longtemps on a laissé les arbustes nés du hasard croître en liberté dans ce lieu et venir, sans respect, verdir de leurs atteintes les pinacles sur lesquels se dressent les statues bénissantes des bienheureux, moitié rouge et moitié or. Aujourd'hui une louable destination a été donnée à cette église, ou plutôt au sol de cette église. Des fragments de tombeaux, des statues, des pierres funéraires, des saints semblant se lever de leur bière, comme la fiancée de Zampa et les nonnes de Robert-le-Diable, forment une collection au milieu de laquelle on s'attend parfois à voir un des chevaliers à l'œil fixe vous faire le signe de tête effrayant du Commandeur. C'est surtout lorsque les rayons de la lune entrent, en se divisant, par la belle rosace de l'Est, qu'il faut visiter cette enceinte dans laquelle Chateaubriand aurait pu concevoir son chapitre des *Ruines*, du *Génie du Christianisme*. Elle offre alors le digne pendant de la chapelle d'Holy-Rood tant admirée au diorama de Paris. Ce n'est plus une vue, c'est une vision, au milieu de laquelle il serait doux de frissonner à quelque récit d'Anne Radcliff ou de Lewis.

Parmi les objets recueillis jusqu'à ce jour par les soins de M. Godard, conservateur des Antiquités, nous citerons :

Une épitaphe gallo-romaine (*Diis manibus Æliœ*, etc., etc.) gravée sur pierre de tuf.

La statue de dame Huet de la Chenaye, trouvée à Linières, arrondissement de Baugé. Cette femme, dont l'époux se distingua par sa vaillance, était dame d'honneur de Marie d'Anjou, mariée à Charles VII. (Style du XVe siècle).

Débris d'arcades du XVIe siècle, provenant de l'ancien prieuré de Lesvière.

Tout indique ici un édifice du XIIIe siècle. Les fenêtres présentent l'ogive à lancettes dans toute sa pureté. La rosace si gracieuse qui éclaire le chœur, bien que restaurée au XVIIIe siècle, semble même, par sa construction, annoncer de bien près le style ogival de la seconde époque, ou *rayonnant,* qui n'avait trouvé tout son développement qu'au XIVe siècle.

SAINT-AUBIN,

Tour Saint-Aubin.

Après les flèches de la cathédrale, la tour Saint-Aubin est incontestablement le trait le plus saillant de la physionomie de notre cité. Ce monument, qui faisait partie de l'abbaye de Saint-Aubin, devenue aujourd'hui la Préfecture, mais qui était tout-à-fait distinct de l'église Saint-Aubin, sur le sol de laquelle ont été plantés les arbres formant le petit mail qui arrive à la rue des Lices, mérite, par son importance, qu'on dise un mot de son origine.

Au IVe siècle, saint Hilaire, de Poitiers, avait fait construire en ce lieu une petite chapelle nommée Notre-Dame-du-Verger. Childéric, fils de Clovis, fit construire, vers 554, à la place de cette chapelle, une abbaye qui fut consacrée par saint Germain, de Paris, sous l'invocation de saint Etienne. Après la mort vers 550, de saint Aubin, né à Vannes et élu évêque d'Angers en 529, Eutrope, son successeur, fit apporter sa dépouille dans l'abbaye et donna à celle-ci le nom qu'elle a toujours porté depuis. L'éloquence et les vertus de saint Aubin justifiaient facilement cet hommage qui n'est pas, dans notre contrée, le seul rendu à son nom. Nous avons en effet, Saint-Aubin-de-Luigné, près de Chalonnes-sur-Loire, Saint-Aubin du Pavoil, près de Segré, Saint-Aubin-de-Pouancé et, près de notre ville, Saint-Aubin des Ponts-de-Cé.

La règle de saint Benoist, apportée du Mont-Cassin et établie en Anjou dans le VIe siècle, par saint Maur, ne fut pas tout d'abord introduite dans le couvent de Saint-Aubin, occupé alors par des clercs vivant en communauté. Mais en 966, le relâchement de la conduite de ces religieux était devenu tel, que Néfinques, alors évêque, d'accord avec le comte Geoffroi Grisegonelle, si célèbre par sa vaillance, et, Adèle, sa femme, mit à leur place des moines bénédictins. A dater de ce changement, le monastère vit s'accroître chaque jour sa renommée et ses richesses. Les travaux scientifiques qu'imposait la règle de saint Benoist le mettaient en honneur : les croyances du temps lui procuraient une facile opulence. C'était alors, en effet, une opinion fort répandue, qui importait beaucoup au salut, de se présenter devant le juge suprême, après avoir laissé sa dépouille mortelle sous l'habit d'un religieux.

Dominé par ces idées (1087) qui, surtout en Espagne, ont régné jusqu'au XVIe siècle, un seigneur fort riche, nommé Jean de la Flèche, donna aux moines de Saint-Aubin une grande partie de ses biens; puis, étant tombé malade à Châteaugontier et ayant reçu la promesse d'être enterré revêtu de l'habit de saint Benoist, la presque totalité de ce qui restait.

C'est à l'époque où s'augmentèrent ainsi les richesses de l'abbaye de Saint-Aubin, portant, comme celle de Saint-Lézin, le titre d'abbaye royale, et comprise comme elle, depuis le commencement du Xe siècle, dans le domaine des comtes d'Anjou, que fut construite l'église, démolie, partie en 1805, partie en 1812, dont le sol forme aujourd'hui le petit mail de la Préfecture et dont les pilastres, élevés à si grands frais et restaurés sous Louis XIV, n'ont pas encore réussi tous à disparaître dans les murs environnants. « C'était, dit Bodin, une des plus belles et des plus grandes de cette province. Son plan avait la forme d'un croix latine; elle avait trois nefs couvertes de belles voûtes, portées par des piliers ornés de colonnes. » Son péristyle commençait à l'endroit où finit, vers la rue des Lices, le bâtiment du corps-de-garde actuel. Il ouvrait sur une cour dont le milieu était marqué par une colonne de pierre surmontée d'une croix. Au-devant de cette cour s'éleva en même temps que l'église, dans le XIIe siècle, la tour qui nous est restée. Tandis que la tour carrée construite au-dessus de la croisée ou transsept de l'église contenait les cloches du monastère, celle-ci renfermait les cloches appartenant à l'abbé. Elle était, à la manière des tours de presque toutes les églises gothiques d'Angleterre, ornée de quatre petites tourelles coniques dont on a, depuis une vingtaine d'années, inhumainement rasé le sommet. Son intérieur est devenu une fabrique de plomb de chasse. Son chapiteau s'est couronné en 1857, d'un signal en bois au moyen duquel ont été faites les observations trigonométriques pour le nouveau plan de la ville. Ce même signal servit en 1858 aux officiers d'état-major chargés de la carte de la France.

La tour Saint-Aubin avait été aussi choisie par Cassini pour point d'observation, il y a 75 ans environ. Elle a près de 52 mètres de hauteur .... Sa masse imposante, plutôt que gracieuse, se dresse fièrement devant vous. Ses colonnettes qui vibrèrent plus de six siècles au son majestueux des cloches pesantes, n'entendent plus aujourd'hui que le cri des corneilles qui se disputent sans cesse un abri sous leurs arceaux. Les arbres qui avoisinent sa base ont beau élever leurs branches, ils ne peuvent lui cacher encore la frise de ces pilastres élégants, orgueil de la basilique qui chantait à ses pieds. Mais, ainsi solitaire, veuve de ses carillons de fête et de l'orgue aux riches cariatides dont les accents répondaient aux siens, elle se suffit à elle-même pour porter témoignage des splendeurs passées, et ne reconnaît dans toute la ville que le clocher de Saint-Maurice pour son égal.

L'antiquaire pourra toutefois découvrir non loin de là un autre vestige de l'ancienne abbaye de Saint-Aubin.

Dans la cour de la Préfecture, sous sa galerie située du côté de l'escalier des bureaux, galerie ornée qui conduisait les moines à la salle du chapitre, aujourd'hui dépôt des archives, des maçons chargés de quelques réparations, découvrirent en 1836, une première colonne, que recouvrait seulement une légère couche de chaux. M. Gauja, préfet, ordonna de continuer l'exploration avec le plus grand soin, et bientôt le vaste pan de mur en arcs à jour que l'on voit aujourd'hui, offrit ses colonnettes, ses festons et ses peintures étranges à l'observation des archéologues. Il faut lire dans l'*Anjou et ses monuments*, tome Ier, page 580, la dissertation que M. Godard a écrite à ce sujet. Nous nous contentons d'en extraire ces deux points principaux, que les arceaux dont il s'agit sont du XIe siècle, sauf un plus ancien encore, et qu'ils ont dû être cachés ainsi pendant le XVIIe, époque à laquelle le monastère de Saint-Aubin, qui forme aujourd'hui l'hôtel de la Préfecture, fut reconstruit comme tant d'anciens couvents de la règle de Saint-Benoist, parmi lesquels nous citerons à Angers Saint-Nicolas et le Ronceray, occupé par l'École des Arts et Métiers.

Parmi ces saints, ces rois, ces emblêmes bizarres, nous signalons le combat grossièrement sculpté de notre vaillant comte Geoffroi-Grisegonelle, contre le géant danois Haustuin, sous la figure de David et de Goliath; nous avons fait connaître ailleurs cet épisode de ce véritable David angevin (v. page 16).

La tour Saint-Aubin sert aujourd'hui à fabriquer du plomb de chasse. La rue des Lices, dont la création a été décidée en 1825, et qui se termine à peine, passe à ses pieds et est une des plus élégantes de la ville.

SAINT-NICOLAS.

Ce vaste monastère est une des fondations nombreuses de notre comte Foulques-Nerra. Pendant qu'il traversait la Méditerranée au cours de son premier pélerinage à Jérusalem (v. page 18), il s'éleva une tempête furieuse. « Si tonnoit et esclairoit, dit notre vieil » annaliste Bourdigné, qu'il sembloit que ce jour dût » être le dernier des humains. » Les matelots invoquaient d'une commune voix saint Nicolas, ce grand saint de l'Orient, devenu depuis patron de la Russie. Foulques se joignit à ces hommages et fit vœu, s'il échappait au danger, de construire, à son retour en Anjou, une église sous l'invocation de saint Nicolas.

Trois colombes, dit la légende, lui marquèrent le lieu où serait bâti le nouveau monastère. Elles ne pouvaient, certes, indiquer un site plus riche et plus heureux.

Ce lieu offre, en effet, aux pensées sérieuses, aux méditations profondes, un asile silencieux et sévère, dans les bois de cette vaste colline connue sous le nom de la Garenne. On ne fut jamais plus loin des humains que dans cette charmante solitude, où les arbres et les fleurs sortent du rocher, où suintent sous la mousse mille sources dont se réjouit la verdure et que l'œil ne saurait découvrir. Sans dessein et sans guide, vous suivez en rêvant ces détours ombragés, lorsqu'un vaste lac se présente à vos yeux. Pour lui, point de rives fleuries, point de saules pleureurs se mirant dans les eaux. Des rochers nus et sauvages s'étagent de toutes parts aux bords de ce gouffre, et vous laissent à peine apercevoir au-delà de leurs cîmes, quelques terres arides et délaissées. L'exploitation d'anciennes ardoisières a creusé ce bassin; le torrent de Brionneau vient fournir cette onde, sur les bords de laquelle les joncs verdoyants dressent en foule leurs lames acérées. Ici, pas une vague, pas un bruit, si ce n'est au loin, le murmure perpétuel de la cascade qui, s'élançant dans les prairies, va porter aux eaux de la Maine le tribut de ces lieux ignorés.

Veut-on, au contraire, se placer au sud du couvent? Tout devient gracieux, riant, animé. La cathédrale, la cité, le château, la colline de l'Esvière se présentent à vos regards qui, bientôt, errant sur les vastes prés au milieu desquels la Maine s'enfuit vers La Pointe, passent les collines, leurs riches plantations et leurs maisons nombreuses, pour aller se perdre au milieu de cette tendre verdure bleuâtre des saules, qui vous indique de deux lieues les rives joyeuses de la Loire. Au milieu de ce trajet, un rocher s'élève brusquement et se montre couronné d'un modeste édifice : c'est la Baumette, ce couvent élevé par le roi René, qui, en cette rencontre encore, est venu placer son nom en présence de celui de notre *Grand Edificateur.*

Continué par Geoffroi-Martel, fils du fondateur, le couvent de Saint-Nicolas (1096), placé sous la règle de saint Benoist, fut consacré par le pape Urbain II (voy. p. 21). Il a reçu les dépouilles de plusieurs de nos comtes d'Anjou et vu le mariage du roi René avec

Jeanne de Laval (1455), sa seconde femme. L'église a été démolie au cours de la Révolution. Indépendamment de son clocher, elle voyait, comme l'église de Saint-Aubin, s'élever près d'elle une grosse tour dont la base carrée subsiste encore et qui contenait les cloches possédées par l'abbé, comme seigneur.

Quant au monastère, il fut reconstruit dans le XVIIe siècle, ainsi que la plupart des autres maisons de Bénédictins, et sa transformation d'alors est encore son état d'aujourd'hui. A combien d'usages n'a-t-on pas voulu successivement affecter un tel site et un tel édifice! Lors de l'invasion de 1814, le gouvernement impérial y établit un dépôt de prisonniers de guerre et de blessés. Plus tard, des fous y résidèrent. Plus tard encore, on voulut créer dans ce bâtiment un hospice consacré à ce genre d'affection, création que la présence habituelle de 900 aliénés dans notre département, rend si indispensable et si urgente. Le château de Sainte-Gemmes-sur-Loire ayant paru plus convenable pour cette destination, Saint-Nicolas ouvrit à quelques compagnies d'infanterie les cellules de ses pieux et savants cénobites.

Une partie de ses bâtiments, toutefois, devait depuis bien des années servir de refuge aux pauvres de notre ville. Dès 1811, un décret impérial autorisait Angers à former un dépôt de mendicité. En 1818, Saint-Nicolas fut proposé pour la réalisation de ce projet. En 1831, cet établissement a été créé et mis en activité par la voie de souscriptions, auxquelles un vote municipal s'est substitué depuis. Plus de 150 indigents y peuvent recevoir un entretien que complètent des soins empressés : ils y trouvent avant tout l'avantage d'un travail assorti à leurs forces et à leurs facultés. Mais, cette institution utile n'occupe qu'une petite portion de l'édifice, l'ancienne maison abbatiale, et il est vivement à désirer que l'on donne une destination continue et sérieuse à une construction si belle et si grande, déjà sur plus d'un point menacée de ruine.

COUVENT DE LA FIDÉLITÉ,

Boulevard de Saumur.

Nous écrivons ce nom, moins pour instruire le lecteur, que pour lui éviter une déception. Si l'on consulte, en effet, des ouvrages écrits il y a moins de cent ans sur notre ville, on y trouvera mentionné un amphithéâtre remarquable, nommé Grohan, qui, bâti par les Romains après la conquête, complétait notre antique cité de Juliomagus (v. page 5). Restaurant tout l'édifice à l'aide des ruines qui se voyaient encore dans les premières années de notre siècle, quelques auteurs n'ont pas hésité à donner les dimensions du tout.

«Notre amphithéâtre, dit l'un d'eux, avait cinq cein- » tures de murailles, éloignées les unes des autres d'en- » viron 12 pieds et coupées par des murs de refend de » vingt en vingt pieds; elles formaient un vaste ovale » dont l'arène avait de diamètre trente toises en sa lon-

» gueur et vingt de largeur. Le diamètre de tout le » monument, compris les cinq ceintures sur lesquelles » reposaient les gradins, était de deux cents pieds. » Ces restes de murailles étaient ornés de cordons de » briques et faits de pierres exprès en losange et po- » sées à l'orne, celles du dedans jetées à chaux perdue » (amplecton); on n'y trouvait ni ardoise ni tuffeau. »

Origine ou conséquence de cette description, deux peintures, dont l'une se voit au musée de notre ville, nous représentent notre amphithéâtre et lui donnent un air de famille très marqué avec le fameux Colysée de Rome.

Or, toute recherche à cet égard serait complétement inutile. L'antiquaire qui se mettrait aujourd'hui en quête des ruines de l'amphithéâtre de Grohan, n'aurait même pas le bonheur du Monkbarns de Walter Scott, et ne saurait trouver un tumulus qu'il pût prendre pour un vestige romain. On devra donc se contenter de savoir que ce vaste bâtiment, parallèle au boulevard dont un assez grand espace le sépare, est l'ancien couvent de Notre-Dame-de-bon-Conseil ou de la Fidélité, fondé (1652) par Françoise de Douault et placé sous la règle de saint Benoist.

L'arène sanglante des Romains, située derrière la Fidélité, a fait place à des jardins gracieux. Celui qui est situé le plus au sud et qui appartient à M. Gaultier-Goupil, est très remarquable par sa richesse et son élégante disposition.

EDIFICES MILITAIRES OU CIVILS.

LE CHATEAU.

Nous avons dit comment le palais curial, bâti par les Romains sur le sommet du rocher qui s'élève à l'Est de la Maine, avait, après la chute de leur puissance, servi de demeure à nos évêques, et comment aussi, vers 860, sous l'épiscopat de Dodon, les comtes temporaires commandant notre province vinrent habiter la curie, cédant le Capitole aux évêques, qui l'occupent encore (v. page 5). On se rappelle, enfin, que Jean-sans-Terre, maître de notre ville, fit démanteler nos murailles dans lesquelles il craignait de ne pouvoir rentrer assez facilement après les excursions qu'il allait entreprendre. Onze ans après le meurtre de son neveu Arthur (1214), le même prince, croyant, au contraire, que son intérêt présent lui conseillait de rendre à notre ville son ancienne force, rétablit les murs qu'il avait abattus et les étendit à l'autre côté de la Maine. Mais bientôt, obligé de fuir, après le siége inutile du château de la Roche-aux-Moines, que Guillaume Desroches et Louis de France, devenu Louis VIII, défendaient, Jean quitte notre pays et Louis fait raser ces murs qui se terminaient à peine. Enfin, en 1230, Louis IX, âgé de quinze ans, parut dans notre contrée pour combattre l'ambitieux Pierre Mauclerc, duc de Bretagne, et Henri III, roi d'Angleterre, qui s'étaient levés contre lui et contre Blanche de Castille, sa mère, régente du royaume. Son jeune courage et sa noble fermeté parviurent en peu de temps à la conclusion d'un traité qui, désavantageux sous certains rapports, offrait pour notre contrée ce point important, de la réunir sans retour aux possessions de la couronne.

C'est à cette époque que fut élevée la troisième enceinte de notre ville; c'est à cette époque également que fut construit le château.

Si quelques édifices féodaux, comme ceux qui dominent menaçants le cours du Rhin, ou couronnent avec tout leur cortége de légendes les verdoyants coteaux de la Seine, offrent dans leur aspect et, surtout, dans leur position, un coup-d'œil plus pittoresque, il en est peu, croyons-nous, qui puissent, mieux que notre forteresse, présenter ce caractère formidable, cette idée de solidité éternelle, qui convient si bien à une construction de ce genre. Ici, non content de prêter aux murailles une base inébranlable, le rocher s'est fait muraille lui-même pour exhausser autant qu'il le pouvait la première assise des pierres, et c'est contre son insensible masse qu'auraient vainement frappé les coups du bélier d'autrefois. Du côté de la rivière, on voyait au temps de saint Louis comme aujourd'hui (sauf les ruines) le palais des comtes et les débris épars d'une partie des constructions précédentes. En descendant vers la Basse-Chaîne, une des énormes tours se liait à un bastion qui communiquait lui-même avec un autre élevé en face, sur la rive droite, une chaîne barrant la Maine entre les deux. Les restes d'un escalier, descendant du château dans cet ouvrage, ont longtemps fait croire à un souterrain mystérieux qui traversait la rivière et fuyait dans la campagne jusqu'aux environs de Saint-Nicolas. En remontant vers le sud, on commençait à compter, à la distance de cent pieds environ, largeur des fossés, les dix-sept autres tours massives qui, décrivant un pentagone irrégulier, achevaient à la haute tour connue aujourd'hui sous le nom de Tour-de-Diable, du Nord ou du Moulin, leur vaste périmètre, augmenté encore par le bastion de la porte des Champs.

Chacune d'elles, comme cette tour du Diable, surmontait de très haut la longue muraille noire servant de courtine. Leur énorme circonférence était de distance en distance, cerclée, pour ainsi dire, de cordons de tuf blanc, pareils à ceux qui ceignent les deux tourelles du beau château de Durtal. A l'Est, deux tours jumelles s'élevaient avec grâce au-dessus de la porte ogivale donnant entrée dans la forteresse : entre elles s'abaissait la herse, dernier des moyens de défense, et leur double masse semblait vouloir cacher dans son ombre les longs bras du pont-levis aux lourdes chaînes.

Les choses semblent être restées assez longtemps, pour notre château, dans l'état prospère où saint Louis les avaient mises. Autrefois, la grande quantité de briques employées dans les constructions de notre cité avait fait nommer Angers la ville *rouge*, tout comme le Mans, Poitiers et Limoges. Au XIIIe siècle, ceinte de murailles sombres, dominée par une forteresse plus sombre encore, et voyant l'ardoise, assez récemment exploitée, s'emparer de tous ses toits, elle reçut le nom de ville noire, que nos constructions modernes auront bientôt, sans doute, achevé de rendre tout-à-fait injuste pour elle. Mais le XVe siècle ne tarda pas à venir. L'épouse de Louis II d'Anjou, la mère du roi René, dont la mémoire est si populaire parmi nous, Yolande d'Aragon, avait comme pressenti le goût délicat de cette ère qui précédait celle de la Renaissance. Voulant, après avoir fait construire la chapelle de l'Esvière, posséder un oratoire dans le château où elle résidait habituellement, elle fit bâtir la belle chapelle ogivale que l'on voit dans la cour d'entrée et qui, divisée dans sa hauteur par un plancher, établi en 1815 pour recevoir des prisonniers anglais, contient aujourd'hui une fort belle salle d'armes.

Quelques vitraux de couleur bleue et rouge sont conservés dans les angles aigus des méneaux contournés de ses fenêtres. On peut remarquer également dans les dais sculptés qui surmontent les pinacles élevés à chacun des côtés de la porte latérale d'entrée, la présence d'un verre épais, de couleur bleue sombre, qui, placé derrière ces délicates sculptures, avait probablement pour but de les faire mieux ressortir, tout en les garantissant de la poussière et de l'occupation importune des insectes et des oiseaux. Les armes de la royale maison se voient modelées aux intersections de voûtes, ainsi qu'en maints endroits des cloîtres qui avaient été destinés au logement des chapelains chargés en ce lieu du service divin. C'est vers ce temps, peut-être, que fut sculpté sur un des murs du château, du côté de la rivière, un écusson portant les armes de la province d'Anjou, réduites depuis le règne de Charles VI, à trois fleurs de lys. Cet écusson n'est plus guère déchiffrable.

Louise de Savoie, duchesse d'Angoulême, après avoir fait à Angers, avec le roi François Ier, son fils, une entrée solennelle (1518), habita longtemps le château, et fit construire au-dessus des deux tours protégeant l'entrée, un donjon et une chapelle dont il ne reste plus aucun vestige.

Sous Henri III, une ruine bien autrement importante menaça l'édifice à la suite des innombrables attaques dont le château avait été l'objet au cours des guerres de religion. Ce roi ordonna sa démolition entière, et c'est à cette époque, comme nous l'avons dit (v. page 55) que les tours, sauf celle du Moulin, furent rasées au niveau de la plate-forme. Heureusement, vers 1587, la destruction s'arrêta là, et le vaillant capitaine Donnadieu de Puycharic, plus tard sénéchal, dont la statue en marbre blanc et agenouillée se trouve à notre musée, profita des matériaux provenant de la démolition même, pour faire élargir les plate-formes et mettre notre forteresse à peu près dans l'état où nous la voyons aujourd'hui.

C'est dans le château que, le 5 avril 1598, Henri IV a signé le contrat qui mettait fin à la Ligue, en unissant César de Vendôme, fils naturel du roi et de Gabrielle d'Estrées, légitimé en 1595, avec la fille du duc de Mercœur.

Depuis ce temps, le château n'offre guères d'autre époque digne de souvenir, que celle du siège de notre ville en décembre 1793, par les Vendéens. Sans relâche, il tirait à boulets rouges sur les couvents et les édifices du faubourg Saint-Laud. Sa mitraille lancée dans la direction du rempart des Lices aida puissamment aussi à déconcerter une attaque projetée sur cette partie par un nommé Jacquineau, de Montrelais, et une compagnie d'hommes employés aux mines, combattant sous ses ordres.

Le rempart des Lices n'existe plus : il a vu, comme le reste des murs de saint Louis, des arbres et des hôtels remplacer sa sombre physionomie. C'est en 1806, que les Angevins, par l'organe de M. de la Besnardière, leur maire, demandèrent l'autorisation de démolir les vieux murs de leur cité, pour remplacer par des boulevards cette ceinture disgracieuse et menaçant ruine. L'Empereur donna sur ce point un consentement, qu'il renouvela verbalement à son passage par Angers, en 1808. Depuis ce temps, combien de travaux! Le nivellement des rues et des places publiques a comblé les fossés : le grand bastion du château, inutile, surtout depuis qu'un arrêté du conseil de la commune, en date du 30 septembre 1790, avait ordonné de murer la porte de secours, est tombé, au grand regret de plus d'un antiquaire, pour faire place à la belle ligne de boulevards qui forme la ceinture de notre ville.

L'enceinte du château sert aujourd'hui de maison d'arrêt et de prison pour les hommes.

Cette antique forteresse, avec ses tours découronnées, ses bastions renversés et ses fossés comblés dans la moitié de leur étendue, présente encore un aspect plein de majesté et de grandeur. L'élévation de ses murs noirs que le rocher soutient et commence ; les supports aériens qui, collés aux flancs des tours, recevaient sur leur étroite plate-forme la sentinelle perdue chargée de surveiller le pied de la forteresse, où l'ennemi pouvait se glisser en silence ; les souvenirs de tant de combats, de travaux, de splendeurs et de ruines, font à bon droit de cet édifice un des principaux objets qui puissent, dans notre ville, frapper les yeux de l'étranger et, surtout, parler à son esprit.

CASERNE DE LA VISITATION,

Près de la gare du chemin de fer.

Par ces mots édifices militaires et civils inscrits en tête de ce chapitre, nous entendons désigner les constructions utilisées de nos jours, quelle que soit leur origine, par ces deux sortes d'administrations.

Cet avertissement est à peine utile en face de cette caserne, dont l'aspect dénote à tous les yeux un couvent. C'est, en effet, un ancien couvent de Visitandines, construit en 1636. Cette caserne pouvait contenir cinq cents soldats avant les importantes annexes qu'on lui donne en ce moment. Dans sa cour principale se trouve l'entrée d'un logement, tout-à-fait séparé, affecté au commandant du Génie de la place.

Les jardins des dames de la Visitation étaient immenses ; ils ont été presqu'entièrement envahis par la gare du chemin de fer et ses abords.

CASERNE DE L'ACADÉMIE,

Place Saint-Laud.

Ici nous trouvons une origine bien différente. L'édifice qui a donné son nom à cette caserne était une académie d'équitation.

C'est au milieu du siècle dernier que la création de cet établissement fut proposée au corps municipal et autorisée par le gouverneur de l'Anjou, le comte de Brionne, grand écuyer de France, fils du prince de Lambesc, et père de ce second prince de Lambesc, qui figura dans les premiers troubles de la Révolution de 1789. On arrêta la construction d'un corps de logis destiné à l'écuyer-chef et à sa famille, et de deux pavillons réservés pour les pensionnaires. Ces pensionnaires furent nombreux : beaucoup de personnages de distinction, des Anglais surtout, parmi lesquels on cite lord Pitt et Wellington, vinrent ici se former à l'équitation. Un architecte d'Angers, Lointier, avait fait édifier les bâtiments sur les plans de M. de Voglie, ingénieur en chef de la généralité de Tours (1758).

La caserne de l'Académie contient 550 soldats. Ses vastes écuries situées derrière le bâtiment principal et servant aujourd'hui au dépôt de remonte établi à Angers, peuvent contenir 110 chevaux.

LE RONCERAY,

Ecole d'Arts et Métiers.

Nous avons fait connaître (v. page 15), la fondation, vers 940, de ce couvent de filles nobles, par Foulques-le-Bon, petit-fils de notre comte Ingelger. Nous avons dit aussi comment, au commencement du XVIe siècle, la rencontre d'une petite vierge de bronze au milieu des ronces qui étaient venues encombrer un ancien oratoire, dans lequel saint Melaine avait officié sous Clovis, avait fait donner à ce lieu et, bientôt, au monastère lui-même, le nom de Ronceray.

L'église d'abord bâtie par les ordres de Foulques-le-Bon, a été reconstruite en entier, vers 1020, par un prince dont nous avons déjà tant de fois écrit le nom, le brave et puissant Foulques-Nerra. Les restes les plus curieux de cette splendide construction peuvent encore se voir dans la rue même qui cotoie l'église de la Trinité. Les voûtes de cette église, dit M. Godard, sont plein-cintre et séparées par des arcs-doubleaux portant sur des colonnes engagées dans des pilastres. L'ensemble de la nef principale se composait de treize à quatorze travées. Les trois du côté de l'ouest étaient réservées au public; les six qui suivaient, séparées par une grille de fer, appartenaient aux religieuses; le reste formait le sanctuaire, tourné vers l'Orient; cette partie de l'édifice, en dehors, était d'architecture *réticulée*, carrée et hexagone, dont on peut aujourd'hui voir les beaux vestiges. Le chevet de cette église avait une ouverture communiquant au jubé de la Trinité; on l'aperçoit encore.

L'abbaye du Ronceray a été, comme presque tous les monastères bénédictins de notre pays, rebâtie en grande partie sous Louis XIV. En 1806, on avait commencé des travaux pour y placer une caserne de cavalerie. L'année suivante, l'Empereur ordonna de réaliser à Beaupreau la fondation, décrétée le 19 mars 1804, d'une école d'arts et métiers, organisée à l'instar de celle de Châlons-sur-Marne. M. Molard, directeur des travaux de Châlons, fut chargé de former ce second établissement. Cent-soixante élèves pouvaient trouver place dans les bâtiments affectés à cette destination. Mais 1815 survint; les idées exaltées de la contrée où se trouvait l'Ecole firent craindre pour la sécurité des élèves. Non-seulement des menaces s'élevèrent contre les jeunes gens que la passion du temps nommait les protégés, les enfants de l'*Ogre de Corse*, mais, chose que nous avons entendu raconter vingt fois et que nous rapportons, en osant à peine y croire, des coups de fusil auraient été tirés sur eux pendant une promenade!... Il fut décidé, le 15 mai 1815, que l'Ecole serait immédiatement transférée dans les bâtiments du Ronceray, où nous la voyons encore.

Cette école compte aujourd'hui trois cents élèves; sa réputation et la variété des travaux auxquels la théorie et la pratique s'accordent pour initier ses membres, nous empêchent d'aborder ici un compte-rendu qui mériterait à tous égards le privilége de la spécialité. Menuiserie, serrurerie, tour, fonderie, ajustage, les plus importants des métiers en un mot, y sont enseignés et pratiqués dans de vastes ateliers, dont la double ligne, récemment élevée, annonce de loin l'importance et les ressources variées de l'établissement.

Les arts n'y sont pas mis en oubli : le mérite des dessins exposés chaque année, l'indique à suffire. L'école peut aussi invoquer de loin plus d'une preuve de la pureté du goût que son enseignement inspire. Un élève, que nous voyons d'ici achevant de tirer de trois tuffeaux grossièrement traversés par un pieu, la statue gracieuse d'un petit jardinier, est devenu, au souffle et sous l'œil de David, le sculpteur Maindron, qui a inscrit son nom parmi ceux de nos premiers artistes. Ses statues de Thésée, de Velléda et du Berger blessé, placées au Musée de notre ville, attestent son talent élevé et sa recherche incessante du progrès. Presqu'en même temps, sortait de Châlons, l'aînée de notre école, un des meilleurs instrumentistes de Paris, M. Meifred, cor à l'Opéra.

Dans notre ville, les sciences, le dessin, la musique comptent aussi des adeptes bien connus, qui reçurent leurs premières leçons dans cette école où quelques-uns d'eux professent à leur tour.

LE LYCÉE,

Près du faubourg Bressigny.

Mgr Jean de Vaugirault, évêque d'Angers, de 1731 à 1758, avait fondé dans un lieu que ses bosquets et son vert entourage avaient fait nommer la *Rossignolerie*, un séminaire dit de Saint-Charles, destiné à servir de lieu de retraite aux prêtres âgés et infirmes, véritable hôtel des invalides du clergé, dit Bodin. Des frères de l'Ecole chrétienne, ou *Ignorantins*, appelés par ce prélat de Saint-Yon de Rouen, leur chef-lieu, obtinrent plus tard de s'établir dans le monastère Saint-Charles, et firent élever de vastes bâtiments dans lesquels l'enseignement modeste de cet ordre s'est dispensé avec zèle jusqu'à la Révolution.

Ces bâtiments sont devenus le lycée actuel.

SÉMINAIRES ET PENSIONNATS.

Comme on l'a vu à l'article de l'église Saint-Serge, le couvent de Bénédictins portant ce nom, reconstruit dans le XVIIe siècle, forme aujourd'hui le grand séminaire. Des constructions élevées récemment ont presque doublé son étendue.

Le petit Séminaire, autrement dit collége Mongazon, du nom de l'ecclésiastique qui l'a fait construire, il y a environ dix ans, est situé à un kilomètre à l'Est de la ville, non loin de l'ancienne église de Saint-Léonard. Presqu'en face, on aperçoit les vastes édifices composant le couvent de la Retraite; des religieuses de la Société de Marie y tiennent un pensionnat de demoiselles très-suivi.

Près du même lieu et à quelques pas seulement de la route de Saumur, se trouve l'Ecole normale primaire.

Après ces établissements, nous citerons ceux qui frappent le plus vivement les regards de l'étranger. C'est d'abord, place du Champ-de-Mars, en face de la rue de l'Hôpital, le pensionnat Saint-Joseph, tenu par des ecclésiastiques et occupant un bel et vaste hôtel possédé successivement par les familles de Gohin et Charbonnier de la Guesnerie. Si, de ce lieu, les regards se dirigent vers le Mail, on aperçoit à gauche de cette promenade et au tiers de sa longueur, une immense façade à demi-voilée par un rideau de peupliers. Un pensionnat de demoiselles, nommé Belle-Fontaine, et tenu par des religieuses, s'élevait autrefois sur les bords de la Maine, près du lieu où se construit maintenant le vaste hôpital général. L'institution, obligée par ces constructions d'émigrer sur une rive nouvelle, a choisi ce site grâcieux et, avec sa destination, a conservé son nom.

Nous devons citer encore quatre maisons de Frères de l'Ecole chrétienne, placées, l'une près du Château, rue du Volier, l'autre sur l'autre rive de la Maine, tertre Saint-Laurent ; la troisième rue Saint-Jacques, et la quatrième chemin de Saint-Léonard ;

Le pensionnat tenu par les Bénédictines du Calvaire, rue Lyonnaise, mises en possession de leur demeure par Marie de Médicis, lors du séjour de cette reine à Angers, vers 1620;

Deux écoles mutuelles; les bâtiments de l'une sont, dans la même portion de la ville, parallèles au boulevard de Laval, et l'autre est placée rue des Cordeliers.

Il se trouve à Angers, on le comprend, bien d'autres pensionnats, bien d'autres écoles où se dispense l'instruction. Mais, quelque puisse être le mérite de ces institutions, aucune description ne saurait s'attacher aux lieux qui les renferment.

Nous croyons devoir terminer cette nomenclature par l'indication d'un édifice, ou plutôt d'une agglomération d'édifices formant à la fois, un couvent, un ouvroir, un pensionnat et une maison de repentir. Fondée en 1710, la maison du *Bon-Pasteur* occupe les terrains de l'ancienne fabrique de Tournemine et s'est agrandie depuis quelques années du vaste enclos et des bâtiments d'une autre fabrique, nommée Bel-Air.

HOPITAUX ET ECOLE DE MÉDECINE.

Le premier, le seul remarquable de nos hôpitaux est l'Hôtel-Dieu, placé non loin du Tertre Saint-Laurent, sur la rive droite de la Maine. Mais il est difficile de trouver un édifice plus noble et plus digne de sa haute origine, que cette œuvre d'un de nos Plantagenets, notre comte Henri II, roi d'Angleterre.

C'est au milieu du XIIe siècle (1153) qu'a commencé la fondation de cet établissement. Presqu'à la veille de monter sur le trône, Henri, aidé de son sénéchal, Etienne de Mathas, ou de Marçay, ouvrit cet asile aux pauvres, non, comme on l'a prétendu quelquefois, pour se racheter du meurtre de l'évêque Thomas Becket, commis dix-huit ans plus tard seulement, mais *pietate motus*, mû par une pieuse charité, comme il l'a dit lui-même en fondant près d'Angers une autre maison destinée aux pauvres et aux infirmes.

L'hôpital fut mis sous l'invocation de saint Jean l'évangéliste.

Cette demeure du pauvre égale, par sa construction, la splendeur architectonique d'un palais.

On ne peut voir sans admiration ces vingt-quatre voûtes ogivales qui, grâcieuses et légères, viennent se reposer sur deux rangs de colonnes, dont les fûts minces et couronnés de chapiteaux feuillés, divisent la grande salle en trois nefs égales.

La chapelle, ornée à diverses époques, conserve toujours dans les principaux traits de sa construction, les caractères du XIIe siècle.

Le grenier, formant un édifice à part, étonne par son immense étendue : des colonnes délicates soutiennent également son faîte.

Les caves, taillées dans le rocher et recevant du suintement de la pierre une perpétuelle fraîcheur, laissent apercevoir dans leur pénombre plusieurs rangées de piliers massifs, offrant encore toutes les irrégularités de leurs éclats volant sous le coup des massues de fer. On dirait, à les voir, quelque nécropole égyptienne, un des souterrains du temple fatidique d'Ellora, ou l'une de ces prisons dans lesquelles les Calibans et les autres mauvais génies sont tenus enfermés par les fées de notre enfance.

Près de la grande salle s'élève un amphithéâtre bâti en 1857, par M. F. Lachèse, et servant aux leçons des professeurs de l'Ecole de médecine.

On pourra se faire une idée des services que cette Ecole, créée en 1807, a rendus à notre pays, à la France entière, et s'expliquer la juste renommée qu'elle s'est acquise, en lisant quelques noms auxquels la mort a donné leur triste et dernière consécration.

Le premier de ces noms sera celui de Béclard (Pierre-Augustin), né à Angers en 1785 et mort à Paris en 1825.

Elève de notre École centrale, puis de notre Ecole de médecine, il fut nommé, en 1818, professeur d'anatomie et de physiologie à l'Ecole de Paris. Longtemps Angers le revit tous les deux ans en qualité de président du jury médical, fonctions dans lesquelles il alternait, pour notre ville, avec le savant Orfila.

Ses *Eléments d'anatomie générale*, publiés en 1824, ont placé son nom à côté de ceux de Boyer et de Bichat.

Mort plus récemment, le 20 juillet 1845, Chevreul né à Angers en décembre 1753, n'a pas cessé d'enseigner à notre Ecole et de se livrer dans notre ville à l'exercice de son art bienfaisant. Il a publié sur l'*Art des accouchements* un traité qui sert encore de guide aux praticiens.

Le fils de M. Chevreul est ce chimiste célèbre dont la science si vaste et surtout si utile, perfectionne chaque jour la fabrication des riches tissus des Gobelins.

Billard, né près d'Angers le 16 juin 1800, était doué de tous les dons extérieurs et de la plus facile éloquence. Ses principaux ouvrages sont : un traité des *maladies des enfants*, un traité de la *membrane muqueuse gastro-intestinale*, et une traduction du traité pratique des *maladies des yeux*, du docteur Latrénie.

Il est mort à Angers le 31 janvier 1832.

Ollivier (Prosper), né à Angers en 1796, mort en 1845, fut également élève de notre Ecole, et ne tarda pas à se distinguer à Paris, où il publia en 1824 un traité sur les *maladies de la moëlle épinière*. Son principal renom vient des nombreux rapports de médecine légale qu'il a été appelé à faire, soit à Paris, soit devant les cours d'assises des départements. La justesse de son coup-d'œil médical n'était pas la seule qualité qui lui méritât la confiance des magistrats; il portait dans les appréciations chimiques une science et une perspicacité que M. Orfila, son maître et son guide, eût souvent avouées lui-même.

Berard (Auguste), écolier, puis élève parmi nous, a, comme son célèbre frère, aujourd'hui membre du conseil supérieur de l'instruction publique et inspecteur-général des écoles de médecine et de pharmacie, uniquement dû à son travail et à son intelligence la place qu'il était parvenu à conquérir parmi les chirurgiens les plus renommés de la capitale. Il était depuis peu d'années professeur de pathologie externe à la faculté de Paris lorsqu'une mort prématurée est venu le frapper.

Cette nomenclature serait bien incomplète si nous ne mentionnions ici le nom de M. Mirault (Jean-François), un des médecins et, surtout, un des opérateurs les plus distingués que l'Anjou ait produits. Né en 1754, il est mort en 1814, victime des soins qu'il donnait aux prisonniers entassés dans nos hôpitaux.

Au milieu de la Doutre, sur une place qui avoisine les plus pauvres quartiers, s'élèvera bientôt, au sommet d'un simple et utile monument, le buste de François-Claude Garnier, né dans notre ville en 1759, mort parmi nous en 1845. Une vie donnée tout entière à la bienfaisance a bien mérité cet hommage. Professeur plein de zèle, médecin et chirurgien infatigable, si M. Garnier n'a pas publié de livre, il en laisse un bien touchant écrit par la reconnaissance dans le cœur de tous ceux qu'il soulagea.

David nous a donné les bustes de Béclard, de Billard, d'Ollivier et de Garnier.

Un hôpital général, bâti sur les dessins de M. Moll, doit bientôt réunir dans sa vaste enceinte, et l'hôpital actuel et les trois hospices des ***Renfermés***, des ***Incurables*** et des ***Pénitentes*** que possède notre ville.

Le premier de ces hospices est consacré aux vieillards valides et indigents des deux sexes, de l'âge de soixante ans et au-dessus, et aux enfants orphelins des deux sexes, qu'on y reçoit au-dessus de quatre ans jusqu'à douze, et qu'on y occupe à divers travaux de leur âge.

C'est dans cet hospice qu'est établi le dépôt des enfants trouvés.

Cet hospice est desservi par la congrégation des sœurs hospitalières, dites de l'Hospice général, dont le chef d'ordre est ce même hospice.

Le second renferme des infirmes, des insensés et des épileptiques des deux sexes. On y reçoit des pensionnaires infirmes et valides.

Il est desservi par des sœurs de la congrégation de l'hospice général.

On reçoit dans le troisième des folles non furieuses, des insensées pauvres, et on y admet des pensionnaires infirmes et invalides.

Au-dessus de l'autel de l'église des Renfermés, on voit un beau tableau de Jacques Stella, peintre français du commencement du XVIIe siècle.

MAIRIE.—LE CHAMP-DE-MARS.

Les nombreux jeunes gens qui venaient autrefois demander à l'Université d'Angers ses savantes leçons dans les quatre facultés de Droit, Théologie, Médecine et Arts, formaient six nations ayant chacune son procureur ou syndic, et nommées les nations d'Anjou, de Bretagne, de Maine, de Normandie, d'Aquitaine et de France. Outre les lieux établis par divers fondateurs pour recevoir ces écoliers, la ville avait institué quatre colléges, dits de la Porte-de-Fer (rue Tuliballe), du Bueil (rue de la Roë), de la Fromagerie (hôpital général) et d'Anjou.

Vers le commencement du XVIIe siècle, on s'occupa de l'administration et de la réforme des colléges : on résolut de réunir ces quatre en un seul, afin de donner plus d'émulation aux écoliers et d'exercer sur eux une plus facile surveillance. Ce collége unique fut établi par les soins de la nation d'Anjou et, après s'être un moment appelé le collége Neuf, vit le nom de collége d'Anjou lui rester.

La savante congrégation des Oratoriens venait de s'établir dans notre ville (1624). L'Université lui concéda la direction du collége. Toutefois, l'édifice étant vieux et devenant insuffisant, la ville, de concert avec l'Université et les pères de l'Oratoire, fit construire (1691) le vaste bâtiment qui sert aujourd'hui de Mairie et qui, toujours inachevé, reçoit en ce moment même ses derniers embellissements.

En 1819, la municipalité abandonna gratuitement à la Cour royale la jouissance perpétuelle du bâtiment qui avait jusques-là servi d'Hôtel-de-Ville. On inaugura la grande salle de la nouvelle maison commune par un bal (1825) offert à madame la duchesse d'Angoulême, qui se rendait à Bordeaux et sur les principaux théâtres de la guerre vendéenne.

C'est donc, on le voit, à l'article de la Cour d'appel que l'on trouvera l'histoire primitive de notre Hôtel-de-Ville.

COUR D'APPEL,

Rue des Halles.

Les anciennes portes des villes étaient ordinairement surmontées d'un lieu servant soit de prison, ou *chartre*, soit de salles d'armes ou de délibération. La porte Chapelière, située au bas de la rue Baudrière, offrait ainsi un lieu dans lequel se sont rassemblés les premiers membres de notre commune.

Charles VIII, jaloux sans doute de compléter l'institution de notre mairie, due à Louis XI, son père et prédécesseur, donna aux habitants d'Angers une maison et un jardin (1485) près de la porte Saint-Michel, pour y faire construire un Hôtel-de-Ville. Ce lieu, échangé bientôt (1489) pour un terrain contigu et plus convenable, vit s'élever l'édifice dont nous possédons encore une partie. C'était un corps de bâtiment de huit croisées de face, composé d'un rez-de-chaussée et d'un étage et flanqué de deux tours rondes à chaque extrémité. Dans la suite (1684) on y ajouta une aile qui servait de logement au maire. Deux terrasses ornées de balustrades en pierres et situées l'une à l'ouest, l'autre au sud, formaient avec les deux bâtiments, un vaste parallélogramme. De la terrasse ouest, on descendait, par un escalier en fer-à-cheval, dans un jardin ou parterre. Au sud, un portail décoré de quatre colonnes de marbre et portant les armes de la ville, donnait accès sur la place.

Après la concession qui est venue, en 1819, placer la mairie dans l'ancien collége d'Anjou, l'aspect des lieux s'est successivement modifié. L'escalier qui régnait le long de la façade ouest a été supprimé. Sur le terrain occupé par le parterre s'est ouverte la rue Botanique et s'est bâtie la Cour d'assises. L'aile destinée au logement du maire a formé le parquet du procureur général, et le mur avec portail donnant sur la place des Halles, a fait place à un élégant péristyle orné de colonnes, qui, ainsi que la Cour d'assises, a été construit sur les dessins de M. F. Lachèse. Seule, la tourelle nord est restée elle-même, insouciante des clameurs qui bruissent à ses pieds, comme des vents qui tournent la girouette placée à son sommet. Cette girouette, que l'instabilité de notre régime politique a fait repeindre six fois, est trouée de deux balles qu'un Angevin, irrité de voir reparaître la couleur blanche, lui a lancées en 1815.

La Cour d'appel d'Angers se divise en trois Chambres : Chambre civile, Chambre des appels de police correctionnelle et Chambre des mises en accusation. Elle est composée d'un premier président, trois présidents de Chambre, vingt conseillers, un procureur général, deux avocats-généraux, deux substituts, un greffier en chef et quatre commis-greffiers. Sa juridiction comprend les trois départements de Maine-et-Loire, de la Mayenne et de la Sarthe, formant ensemble douze arrondissements.

TRIBUNAL DE PREMIÈRE INSTANCE.

TRIBUNAL DE COMMERCE,

Place des Halles et rue Saint-Michel.

Une salle des Pas-Perdus sépare ces deux édifices, d'un aspect et d'une origine bien différents. En 1858, le tribunal de première instance est venu occuper la partie neuve, dont la vaste salle servait depuis quelques années aux audiences de la Cour d'assises. Il siégeait auparavant dans la partie opposée, dans ce vieux bâtiment qui, du côté des Halles, se distingue à peine des noires constructions qui l'entourent et qui n'en est pas moins le berceau de la justice régulière dans notre contrée. C'est en ce lieu que les sénéchaux, puis les baillis de nos comtes et ducs, puis les lieutenants-généraux civils, rendaient leurs décisions. Au commencement du XVIe siècle, l'édifice dans lequel ils siégeaient tombait en ruine : Pierre Poyet, le premier de nos lieutenants-généraux civils et frère de ce chancelier de François Ier, Guillaume Poyet, dont la fin honteuse nous fait volontiers oublier l'origine presqu'angevine (1), rebâtit ce palais de justice tel, à peu près, qu'il est encore extérieurement.

Henri II ayant établi les présidiaux (1551), cette juridiction fut installée dans l'édifice que Poyet achevait à peine de faire reconstruire.

Depuis 1858, le tribunal de Commerce s'y est installé à la place du tribunal civil. Auparavant, cette juridiction, instituée à Angers par ordonnance (1565) de Charles IX, siégeait dans un hôtel construit dans le style élégant de la Renaissance vers le milieu de la rue Baudrière. Une Bourse y avait été jointe en 1755. Il possédait aussi une chapelle. La Chambre du Conseil, dont le plafond était orné d'or et de peintures, renfermait les portraits des anciens juges-consuls. Cet édifice, nommé le *Palais-des-Marchands,* est aujourd'hui entièrement caché par une construction moderne et, pour le découvrir, il faut suivre la sombre allée qui côtoie le magasin portant pour enseigne : *Bineau-Davau, tapissier*.

HALLES.

Ce bâtiment immense, dont la sombre toiture s'a-

(1) Il était né en 1474, dans la paroisse de Saint-Rémy-la-Varenne, à 5 lieues d'Angers.

baisse presque jusqu'au sol, a eu ses jours de vogue et même de renommée. Construites primitivement, dès le XIIIe siècle, lieu choisi à plusieurs époques, notamment le 20 août 1480, pour représenter des Mystères, elles ont été, après maintes réfections, cédées par Louis XIV à la ville (1688). et plus tard, en 1759, divisées en trois parties longitudinales ou *rues*, nommées du *Milieu*, de *Paris* et de *Rouen*. Les marchands étaient forcés de s'y établir : les vendeurs de blé ou autres denrées pouvaient seuls étaler au dehors. Ce rendez-vous obligé des commerçants et des étrangers nombreux qu'attiraient nos deux foires de la Fête-Dieu et de la Saint-Martin, est aujourd'hui abandonné. De laides barraques en bois, dont les auvents mal soutenus par des cordes, offrent mille écueils à la tête des passants qu'ils n'abritent pas, ont été préférées au vieil édifice, trop heureux de recevoir le samedi quelques-uns de ces marchands de blé, qui n'osaient autrefois aborder ses riches étalages.

JARDIN BOTANIQUE,

Vis-à-vis du Séminaire.

En 1777, une réunion de naturalistes, parmi lesquels se trouvait M. Larevellière-Lepeaux, fonda un *Jardin-des-Plantes* dans le faubourg Bressigny. Transféré plus tard (1789), grâce surtout au zèle d'un généreux citoyen, M. Pilastre, dans l'ancienne vallée Saint-Samson, sa création fut, à l'époque de l'institution des écoles centrales, augmentée par son savant ami devenu membre du Directoire, et par M. Merlet de la Boulaye, dont les leçons avaient succédé à celles de Larevellière. Ce jardin est aujourd'hui une promenade charmante : un ruisseau d'eau vive augmente sa fraîcheur et varie ses aspects. Sa richesse en végétaux classés est remarquable. Deux fort belles serres lui conservent le trésor de nombreuses plantes exotiques. Une salle s'y ouvre aux collections et sert aux cours donnés par le directeur. Derrière cette salle, la vieille chapelle Saint-Samson se cache sous le lierre. Les outils de jardinage qui encombrent son entrée se dressent contre les débris peints d'un arc de triomphe élevé, en 1814, route de Saumur, pour l'entrée du duc d'Angoulême à Angers. On y peut lire encore : *Manibus date lilia plenis*.... Que de prières, que d'hommages ce simple lieu rappelle ! Mais la tombe a fait taire les unes, l'exil et la mort ont succédé aux autres.

THÉATRE,

Place du Ralliement.

Cette place fut le premier cimetière des chrétiens de notre ville. Elle était, il y a moins de cent ans encore, entourée de plusieurs églises, parmi lesquelles on remarquait celle de Saint-Pierre, bâtie au moment où le cimetière reçut ses premières dépouilles et, par cette raison, regardée par plus d'un antiquaire comme l'*église-mère* de notre cité.

Au lieu où se voit notre théâtre, s'élevait autrefois un bâtiment construit sous le roi René et appelé les *Grandes-Ecoles*, édifice dans lequel les Facultés de droit et de médecine donnaient leurs leçons et faisaient leurs examens.

C'est en 1820 qu'on s'est mis à l'œuvre pour la construction de notre salle de spectacle. Auparavant, les représentations se donnaient dans un ancien jeu de paume situé au bas de la place des Halles, et qu'en 1765, sur la demande de la fameuse Montansier et avec autorisation du prince de Lambesc, on avait accommodé, tant bien que mal, aux nécessités de la scène. Cette salle, avec balcons aux deux côtés du théâtre, était longue, étroite et avait, comme toutes celles du temps, son parterre debout. Son insuffisance évidente n'avait pas tardé à faire essayer par le directeur Deschamps un établissement meilleur dans le bâtiment des *Grandes-Ecoles*. Il y avait fait tout simplement supprimer les planchers et garnir les parois de loges, tellement saillantes, qu'entre les spectateurs, assis vis-à-vis les uns des autres aux premières, il n'y avait pas un espace de plus de dix-huit pieds.

Dès 1809, on songea à construire une salle nouvelle : différents terrains furent proposés tour-à-tour, et c'est à notre préfet d'alors, M. Hély-d'Oissel, qu'on doit le choix heureux de la pauvre et vieille salle Deschamps, bâtie sur un terrain appartenant aux hospices. M. Binet, élève de MM. Percier et Fontaine, fut chargé de dresser un plan; mais mille difficultés ajournèrent jusqu'en 1820 le commencement des travaux.

Le temps, qui ternit et efface tout, ne nous permet pas, après trente années, de parler aujourd'hui des riches peintures ornant le plafond et de la plupart des décorations, faites ou dirigées par les meilleurs maîtres de Paris. Toutes ont été, dans leur nouveauté, justement admirées. Depuis un an la salle est restaurée en entier : mais le théâtre possède toujours ses décorations premières.

MUSÉE. — BIBLIOTHÈQUE.

Logis Barrault, rue Courte.

Nous avons dit ailleurs (v. p. 50) quelle impulsion avait donnée à l'architecture de notre contrée, la création de Louis XI, appelant à la noblesse une partie de la riche bourgeoisie. Une des preuves les plus frappantes de la vérité de notre assertion se trouve dans l'aspect de cette élégante demeure, de ce *logis*, comme on disait alors, qu'Olivier Barrault, trésorier de Bretagne, nommé trois fois maire d'Angers, en 1497, 1504 et 1505, fit construire pour honorer la dignité dont il était revêtu.

Nous aurons peu de chose à dire de l'extérieur de cet édifice. L'ogive qui surmonte quelques-unes des portes annonce, en se surbaissant, que cet ornement va bientôt se transformer, à force de s'étendre, en un simple arc à filets, puis s'évanouir complétement. Quelques fenêtres portent déjà des encadrements conservés par la Renaissance. L'escalier, renfermé dans une tourelle que décore avec grâce une saillie angulaire et sculptée en encorbellement, voit sa spirale terminée par un de ces *palmiers* à nervures et écussons, dont le château de Baugé, antérieur de peu d'années, offre un magnifique modèle. Près de la partie la plus élevée s'ouvre une salle servant d'annexe au musée d'antiquités, et contenant une cheminée ornée de six compartiments en ogives flamboyantes. Une riche galerie ogivale orne la cour et achève de donner à cet édifice une haute distinction.

Rien qu'à voir cette riche demeure, on devine que l'art, tout religieux autrefois, commence à tourner au siècle; que, riche de droits nouveaux, la bourgeoisie s'avance vers un bien-être ignoré jusque-là.

Maintes fois visité par les plus illustres hôtes, le logis Barrault fut occupé par des carmélites vers 1628 : en 1695, il devint le grand séminaire, dirigé par des Sulpiciens de Paris. En octobre 1797, il s'ouvrit à l'Ecole centrale, installée dans l'ancien collége de l'Oratoire, le 21 mars 1796, après avoir été instituée l'année précédente, conformément à la proposition de Lakanal, sur le rapport duquel s'était déjà créée l'Ecole normale de Paris.

Déjà, quelques années avant l'établissement de cette Ecole, dès 1791, le conseil de la commune avait eu l'idée de composer une bibliothèque publique et une galerie de peinture à l'aide de nombreux matériaux que les circonstances mettaient à sa disposition. Des livres provenant des monastères, de la vente mobilière des émigrés et de la déconfiture d'un receveur des finances, nommé Blanchard de Pégon, furent assemblés d'abord dans l'église de Saint-Martin, puis dans plusieurs salles de l'Evêché. Le savant Dom Braux et Dom Locatelli, de l'ancien couvent de Saint-Aubin, prirent soin, sous la direction de M. Merlet de la Boulaye, de mettre en ordre cette volumineuse collection, que Larevellière-Lepeaux enrichit bientôt d'un grand nombre de doubles tirés de la bibliothèque de Paris.

Pour la formation du musée, les tableaux et statues tirés des églises, ou acquis à cette époque, furent réunis dans l'église Saint-Serge. Bientôt les héritiers de M. de Livois, mort en 1790, consentirent à céder à la ville 537 des tableaux placés dans la riche galerie de son hôtel (aujourd'hui hôtel Blancler). Par suite de ces constants et louables efforts, la bibliothèque fut inaugurée en grande pompe, le 31 mai 1798, à l'Evêché, puis transférée en 1804, dans la salle provisoire de lecture, qu'elle a occupée longemps. La galerie de peinture, placée pour la plus grande partie dans la chapelle du grand séminaire, portion de l'édifice construite dans le XVIIe siècle, fut ouverte au public le 15 avril 1807.

Depuis ce temps, que de progrès a réalisés cette collection, une des plus belles que possèdent les départements! Qué de talents angevins y sont venus briller! Nous n'en voulons pas tenter la nomenclature : comment essayer ici une excursion au milieu de 154 tableaux de l'école française, 38 de l'école italienne ou espagnole, 60 de l'école hollandaise et allemande, de 115 gravures ou dessins et de 31 œuvres de sculpture, sans compter les 420 statues, bustes ou médaillons composant le musée spécial réservé à notre sculpteur David! C'est le 17 novembre 1839 que cette dernière galerie, qui renferme toutes les œuvres produites jusqu'à ce jour par notre célèbre compatriote, a été inaugurée au milieu des hommages, dont les discours de nos édiles et de nos savants, la musique, la poésie et l'empressement de tous, rehaussaient l'entraînante expression... C'est à David qu'est donné le droit de dire le premier mot à l'étranger qui visite cet édifice, car, une tête de Corneille, en bronze, placée sur un piédestal au milieu de la cour du Musée, est encore sortie de ses mains. Ces chefs-d'œuvre ne sauraient jamais être mieux placés qu'en pareil lieu, car c'est ici même, à l'Ecole centrale, que David a reçu de MM. Marchand et Delusse ses premières leçons de dessin.

A ce nom, toutefois, nous devons nous empresser de joindre celui de M. Maindron, ceux aussi de MM. Arnault et Taluet, jeunes sculpteurs nés parmi nous. L'Anjou revendique également les noms de MM. Bodinier, dont la *Demande en Mariage* et le *Pèlerin* surtout, sont admirés de tous; Turpin de Crissé, peintre paysagiste, Appert, dont nous possédons la *Bacchante* et la *Jeune Baigneuse,* et Lenepveu, auteur du *Martyre de saint Saturnin.*

Au premier étage, une salle qui servait jadis aux fêtes du *logis* et dont la poutre principale, présentant sculptés des joueurs d'instruments, indique la joyeuse destination, forme aujourd'hui, avec une salle plus élevée, le musée d'antiquités, créé et dirigé par les soins de M. Godard-Faultrier. On y remarque principalement :

Objets Antiques : Un vase de porphyre rouge, dit vase de *Cana*, d'origine orientale, orné de 2 mascarons représentant, croit-on, Bacchus et Mytilène.

Objets Celtiques : Un couteau en silex, à l'usage des sacrifices.

Objets Gallo-Romains : Une collection d'urnes cinéraires et 5 cercueils en plomb, dans l'un desquels on a trouvé un *Style* et sa tablette de porphyre destinée à recevoir la cire sur laquelle les anciens traçaient les caractères. Ces objets ont été trouvés près de la ville.

Objets Moyen-âge : Un oliphant en ivoire (v. page 44), travail oriental du Xe ou du XIIe siècle. Cet objet a été regardé par le savant P. Arthur Martin, comme assez curieux pour être reproduit par le moulage.

Objets Renaissance : Un bahut en bois de noyer représentant la *revanche de la danse macabre*. On sait, en effet, que dans les sujets macabres ordinaires, c'est la Mort qui attaque. Ici elle est attaquée par plus de trente personnages qui veulent ainsi prévenir ses coups. Le pape, des cardinaux, des évêques, des moines, des nobles, des bourgeois, un étudiant, plus, des enfants dont l'un au maillot, tiennent des arcs tendus dont le trait est dirigé vers la Mort. Une danse conduite par la Folie occupe la frise. Ce bahut est extrêmement curieux ; on n'en a pas jusqu'à présent indiqué d'analogue. Il a été donné par M. Hamon, propriétaire au Lion-d'Angers.

Un musée d'histoire naturelle complète les richesses

de cette partie de l'édifice. Il doit sa première organisation à M. Renou, professeur à notre Ecole centrale. Il offre deux belles collections, l'une de minéralogie générale, l'autre, de la minéralogie particulière à notre département.

Une autre galerie, singulièrement enrichie depuis quelques années, offre une grande variété de mammifères et d'oiseaux. Des coquilles et des zoophytes complètent cette collection. D'immenses travaux commencés dans notre musée vont, sans doute, changer en grande partie ces dispositions.

Dans une aile située à l'est de l'édifice, se trouve la bibliothèque nouvelle, une des plus belles et des mieux disposées que l'on puisse trouver dans les départements. Elle compte plus de trente mille volumes. Les onze fenêtres de sa façade donnent sur la terrasse du logis Barrault et, plus loin, sur le jardin fruitier, créé par la Société d'agriculture, sciences et arts, sur un terrain dont la ville lui a concédé pour un certain temps la jouissance. Ce jardin est destiné à l'étude des fruits nouveaux dont les espèces, une fois reconnues, sont répandues chez les pépiniéristes du pays. Un comice horticole aide et surveille ces travaux, dont des cours gratuits augmentent le bienfait et l'importance.

On s'est demandé maintes fois, et nous demandons encore si la véritable place de la statue du roi René et des douze personnages qui doivent l'entourer ne serait pas au sommet d'un double escalier qui descendrait de la terrasse du Musée au milieu de ces arbres à l'ombre desquels se retrouve la science. Quelle atmosphère pourrait mieux que celle-là, convenir à l'image d'un prince ami des lettres, des arts et des doux loisirs ?

La Société d'agriculture, sciences et arts, continuation des réunions de ce genre qui existaient à Angers avant la Révolution, a été, après diverses autorisations, reconnue, par ordonnance royale du 5 mai 1833, société savante d'utilité publique. Le nombre de ses membres résidants ne peut excéder 80. Elle compte des correspondants distingués et a créé dans son sein une commission *archéologique* dont le nom dit assez la destination.

SOCIÉTÉ INDUSTRIELLE,

ARCHIVES.

Hôtel de la Préfecture.

Fondée en février 1830, la Société industrielle a pour but le développement, l'amélioration et la propagation des industries agricole et manufacturière, ainsi que le progrès des arts divers, en créant, dans ce département, un foyer d'émulation, que chacun doit désirer alimenter du fruit de ses lumières et de son expérience, en y propageant les découvertes, les perfectionnements qui, chaque jour, viennent enrichir le domaine des arts et de l'industrie.

Depuis sa fondation, cette société s'est livrée à de nombreux travaux qui, presque tous, ont produit des résultats utiles pour la contrée. Sans parler de la création de la caisse d'épargne d'Angers, sans parler également de l'établissement des comices agricoles et vinicoles, des concours de charrues, d'animaux et de culture, la Société industrielle est parvenue, avec l'appui des administrations, à instituer des expositions générales périodiques en vue d'encourager les arts agricoles et industriels.

La fondation de cette utile société est due en grande partie aux soins de M. Guillory aîné, qui en est encore le principal zélateur.

ARCHIVES DU DÉPARTEMENT.

Elles occupent une ancienne chapelle et une autre partie du rez-de-chaussée de l'hôtel de la Préfecture. Leur richesse est immense. Un savant élève de l'école des Chartes, M. Marchegay, est le gardien zélé autant qu'habile de ces importants documents.

DÉPOT D'ÉTALONS,

Boulevard du Haras.

Un dépôt d'étalons, placé autrefois à Saint-Serge, a été, en 1797, transféré, par les soins de M. le colonel de Charnacé, au lieu qu'il occupe encore, mais qui, toutefois, a été pourvu de bâtiments nouveaux. Cet établissement renommé envoie ses chevaux, outre le département de Maine-et-Loire, dans ceux de la Sarthe, de la Mayenne et de la Loire-Inférieure. Ces chevaux, dont plusieurs sont de la plus grande beauté, atteingnent le nombre d'environ soixante-dix.

DÉPOT DE REMONTE.

Etablie il y a environ douze ans dans notre ville, cette institution, si importante pour l'amélioration des chevaux de notre contrée, devait être placée dans une vaste construction dont le plan était tracé déjà, mais dont la gare du chemin de fer est venue prendre le terrain. Les chevaux du dépôt sont provisoirement placés dans les écuries de la caserne de l'Académie.

POISSONNERIE,

Quai Royal.

Ce bâtiment, construit en 1832 par M. F. Lachèse, a pris place dans un ouvrage intitulé *Choix d'édifices publics*, et publié à Paris par MM. Gourlier, Biet et Grillon, architectes, membres du conseil des bâtiments civils.

Cette distinction justifie pleinement le soin que nous prenons d'appeler sur lui l'attention.

Il se composait primitivement de deux corps de bâtiments dont le principal a, extérieurement, 58 mètres sur 12 de dimension ; il contient 104 baquets en bois doublés de plomb; 80 de ces baquets sont formés d'un seul compartiment et sont destinés à recevoir le poisson vivant de nos rivières. Les 24 autres sont divisés en deux compartiments et sont destinés à la morue fraîche. Ces baquets forment huit travées et les passages nécessaires à la circulation du public. Chaque compartiment contient, à sa partie inférieure, une soupape en communication directe avec des canaux souterrains qui conduisent l'eau salie dans la Maine, en aval de la Poissonnerie. Un robinet les remplit à l'aide de l'eau fournie par le second bâtiment, servant de château d'eau et contenant un bassin de plus de trente-six barriques. A chaque extrémité, des tables en marbre reçoivent le poisson de mer. Des lavabos s'y trouvent en outre à la disposition des marchands et du public. Cet établissement, formé et géré d'abord par une société d'actionnaires, ayant été remis à la ville en 1847, on a cru devoir supprimer le château d'eau et placer à l'intérieur de la Poissonnerie même le bassin de renouvellement, ce qui altère notablement le caractère de la construction.

PONTS SUR LA MAINE.

Notre ville possédait naguères et possédera bientôt, sans doute, trois ponts.

A sa partie la plus élevée, un pont *Polonceau*, jeté de la gauche du port Ayrault à la droite de la tour Guillou, sert de trait d'union entre le boulevard des Pommiers et celui de la Turcie.

Plus bas et après avoir passé près de la Poissonnerie, les restes mutilés du pont des Treilles, dont l'origine remonte aux écluses construites vers 1150 par l'ordre de Henri II, roi d'Angleterre, pour le service de notre hôpital, qu'il venait de fonder (v. p. 156), on arrive au pont de pierres, au *Grand-Pont,* comme on l'appelait jadis pour le distinguer d'un autre situé à cent pas plus loin, dans la rue Bourgeoise, et qui ne mérite guère une mention. A quelle époque reculée doit-on faire remonter l'établissement d'un pont, quelle que fût sa forme, devant notre cité ?

Un fragment de Grégoire de Tours nous apprend que dans le VIe siècle, sous le comte temporaire Beppolen, les Francs ayant été taillés en pièces par Waroch et ses Bretons, les fuyards se dirigèrent vers Angers « afin de gagner le pont placé sur le torrent de la Maine. » Ce qui, remarque avec raison M. Godard, ferait supposer l'existence à cette époque, de quelques habitations sur la rive droite.

Quant au pont que nous voyons, nous ne doutions guères que l'auteur de tant de travaux importants de nos contrées, le constructeur de la seconde enceinte de notre ville, Foulques Nerra, ne l'eût fait bâtir en face de la porte Chapelière qu'il venait d'élever et qui s'ouvrait au commencement de la rue Bourgeoise d'aujourd'hui; nous citerons à cet égard une note insérée par M. Marchegay, archiviste, dans le compte-rendu des séances du congrès archéologique, tenu à Angers en 1841. Dans une charte de 1028, Foulques donne à l'abbaye du Ronceray, fondée par lui, « les pêcheries

» du pont *construit par lui* sur la Mayenne (*quod » construximus*), et les aires de moulins élevées entre les arches, sauf une seule arche donnée aux chanoines de Saint-Martin d'Angers. » Si l'on ajoute que Foulques Nerra devint comte d'Anjou en 987, on aura l'époque approximative de cette fondation.

Notre pont était encore, vers la fin du siècle dernier, bordé d'un double rang de maisons bâties sur des pilotis. Dégagé, comme on le voyait naguères, de ce croulant appendice, il était bien un des ponts les plus laids de France. Par les soins de M. l'ingénieur en chef Dupuit, la vieille construction s'est à peine cachée un instant derrière une muraille de planches, pour reparaître à nos yeux complétement métamorphosée.

A la Basse-Chaîne, devant la dernière tour du château, un pont en fils de fer était suspendu à deux piliers que l'on voyait naguère encore. La France entière sait comment il a disparu le 16 avril 1850 ! Notre ville n'oubliera jamais la stupeur et l'effroi dont elle fut frappée aux premiers cris du sinistre... Un bataillon du 11e régiment d'infanterie légère avait été presqu'en entier précipité, par la rupture soudaine des câbles, dans les flots que tourmentait la tempête. Le zèle, le dévoûment de tous furent au niveau de cette grande catastrophe. Mais, surpris, chargés du poids de leurs armes, atteints presque tous par les baïonnettes, dont une chute en arrière dirigeait la pointe vers les seconds rangs, les malheureux soldats ne pouvaient être secourus que bien difficilement et bien tard. 225 moururent. Une longue file de chars, portant leurs dépouilles, s'achemina vers le cimetière au milieu de tous les habitants et de tous les fonctionnaires, près desquels marchait un aide-de-camp du chef de l'Etat. Quelques jours plus tard, le Président vint lui-même s'unir à notre deuil et offrir aux blessés des secours que devait bientôt suivre un tribut versé par le pays tout entier...

Un pont en pierres doit bientôt remplacer ces tristes vestiges.

ABATTOIR.

Levée de la Basse-Chaîne.

Il y a six ans encore, les bouchers de la ville tuaient chez eux les animaux. On se ferait difficilement idée des dangers que présentait la conduite à travers les rues, de bœufs souvent effrayés, et des cris horribles, des ruisseaux sanglants qui signalaient leur mort. Depuis longtemps, on réclamait la cessation de cet usage, que la civilisation la moins avancée doit proscrire. Autorisé par ordonnance du 18 juillet 1835, l'abattoir s'est élevé, sur les plans de M. Moll, et a été mis en activité au commencement de l'année 1847.

FONTAINE PIED-BOULET.

Au bas de la rue Baudrière.

On a voulu donner plusieurs étymologies à ce nom bizarre. Nous n'hésitons pas à préférer l'explication que nous offre l'annaliste Bourdigné. Elle remonte à notre célèbre comte Foulques Nerra. Ce prince, on le sait (v. p. 18), avait fait vœu, en se rendant en Terre Sainte, de bâtir, à son retour, une église à Saint-Nicolas.

Voulant un jour faire commencer les fondations de l'édifice, il sortit à cheval de son palais situé à la partie ouest de notre château. Descendant une de ces pentes rapides qui du château, comme de la cathédrale, conduisent, ou plutôt, précipitent vers la rue Bourgeoise, il allait arriver bientôt à la porte Chapelière, une des clefs de la nouvelle enceinte donnée par lui à notre ville (v. p. 19). En cet endroit, son cheval s'abattit rudement, et, dans sa chute qui mit en danger le cavalier lui-même, meurtrit le boulet d'un de ses pieds. « Par les âmes-Dieu ! s'écria Foulques, en se remettant en selle, le diable veut m'empêcher de bâtir une église : mais il n'y gagnera rien, car, au lieu d'une église, je construirai une abbaye et, au lieu de « quel-
» que petite quantité de prestres.... je y rassembleray
» plusieurs moynes qui seront nourriz et fondez pour
» jour et nuict chanter et faire le service de Dieu. »

Cette fontaine n'a, du reste, rien de remarquable.

LE MAIL. — PROMENADE.

Près du Champ-de-Mars.

Le nom de cette promenade vient de ce que, sous le mairat de Pierre Ayrault (1616), on proposa de procurer aux habitants d'Angers, dont les passetemps n'étaient pas toujours, il paraît, aussi convenables et aussi paisibles qu'on l'eût désiré, la récréation honnête du mail, jeu qui consiste, comme on sait, à pousser dans une direction donnée une boule que l'on frappe d'un maillet. — Le mail établi alors a été successivement agrandi à l'aide des terrains de l'ancien couvent des Minimes, puis d'une portion de la prairie dite d'Allemagne. Cette promenade a été plantée en 1796, avec la disposition qu'elle présente encore. On a émis l'idée fort louable de placer quatre statues d'Angevins célèbres, sur les quatre socles de grès placés à son entrée.

QUELQUES CONSTRUCTIONS PARTICULIÈRES.

Nous avons parlé plus haut (v. p. 50), de l'élan architectonique qu'avait occasionné la création municipale due à Louis XI, et du sentiment qui porta les familles bourgeoises ainsi revêtues d'un éclat nouveau, à signaler aux yeux de tous la distinction qui s'attachait à leur nom. Ces délicieux *logis* des XVe et XVIe siècles, que décorent l'ogive flamboyante, l'arcade surbaissée, ou l'arabesque importée d'Italie, s'élevèrent alors sous les noms de Barrault, Lasnier, Lerat de Lancreau, Louet et autres. Un des plus remarquables, attribué à la famille de Pincé, dont cinq membres furent appelés au mairat de 1494 à 1559, est situé rue Haute-du-Figuier, et s'appelle le plus ordinairement l'Hôtel d'Anjou. Or, pendant que les gros bourgeois devenaient ainsi nobles nouveaux, nobles de *clapier*, nobles de *cloche*, comme ne manquaient pas de les appeler les anciennes familles, les riches artisans voulurent à leur tour se faire gros bourgeois.

La maison, dite *maison Adam*, qui forme le coin de la place Sainte-Croix et de la place Neuve, derrière le chœur de la cathédrale, est un des exemples les plus remarquables de la mode qui se répandit alors. La nature de cette construction est facile à fixer. Une maison était alors une espèce de cage, une imitation de ces engins que l'on voit dans nos carrières d'ardoises entrelacer si solidement leurs losanges qu'un souffle semble devoir faire crouler. Du mortier, quelquefois un simple bousillage, remplissait les interstices de ces minces charpentes, et l'extérieur de la maison était bâti. C'est alors qu'il fallait l'orner! Regardez cette demeure, et vous comprendrez mieux qu'à l'aide de toutes nos descriptions, comment on s'acquittait de ce soin. Le fond, c'est-à-dire la partie crépie de l'édifice, se peignait en blanc ou de quelque couleur éclatante : une couleur différente faisait vivement ressortir les poutrelles du colombage. Les angles, les montants, les pilastres en bois donnaient surtout lieu aux chefs-d'œuvre voulus en pareil cas. Regardez : voici Adam, qui donne son nom à la maison. Eve l'accompagne. L'arbre au fruit défendu se montre, on l'avouera, en plein rapport. Voici, pour d'autres, un joyeux joueur de *vèze* (1). Voici encore bien d'autres figures pour le choix desquelles la décence n'a pas toujours été consultée rigoureusement. Mais, dans leur bonhomie, nos aïeux nommaient cela des *joyeulsetez* et, sans songer à mal, laissaient faire et passer toutes ces choses.

Quelques minutes suffiront pour vous montrer le digne pendant de cette demeure. A l'extrémité opposée de la rue Saint-Laud, et formant angle avec la rue Saint-Georges, on voit une maison dont le rez-de-chaussée présente un soldat armé d'une hallebarde grossièrement sculpté sur l'un de ses piliers ; au dessous est cette devise :

Comme brave soudart,
Je garde la porte Girard ,

ainsi appelée du nom d'un sénéchal d'Anjou entré en fonctions peu après la mort de Foulques Nerra, auquel on doit l'enceinte nouvelle dont cette porte faisait partie.

D'autres inscriptions se lisent aux divers étages de l'édifice.

Des constructions moins anciennes mais plus élégantes que ces deux logis capricieux, arrêteront, sans nul doute, les regards de l'étranger. A l'extrémité de la ville, près de Saint-Serge, M. Boreau de la Besnardière a fait construire, en 1782, un hôtel d'une rare distinction. Cette belle demeure a été bâtie sur les dessins de Bardoul, architecte, auquel on doit le char-

(1) Ce vieux mot qui signifie *Cornemuse* a été, dès 1532, employé par Charles Bourdigné, dans sa *légende de Pierre Faifeu, écolier d'Angers*.

mant château de Pignerolles, situé à une lieue et demie d'Angers, commune de Saint-Barthélemy, et, à Angers même, l'hôtel Lantivy, formant l'angle de la rue de l'Hôpital et du boulevard de la Mairie.

La nomenclature des autres demeures riches et élégantes que renferme notre cité, nous ferait évidemment sortir des limites que nous avons dû nous tracer. L'étranger n'a pas, d'ailleurs, besoin de nos indications pour remarquer les hôtels qui décorent certaines de nos rues; et pour s'arrêter, surtout, devant le bel aspect que présentent le jardin de la Préfecture, la riche façade qui le borne, et son bois sombre que surmonte le sommet imposant de la tour Saint-Aubin.

(*Nota.*) Ces pages étaient imprimées lorsque l'un des hommes dont le souvenir est le plus présent parmi nous, M. Eugène Janvier, mourut à Paris. Né dans un département voisin, mais élève de notre lycée, longtemps habitant de notre ville, et, surtout, pendant plus de 12 ans la gloire de notre barreau, M. Janvier ne saurait voir son nom omis parmi ceux évoqués dans cette rapide revue. Député, Conseiller d'Etat, ses lumières, son éloquence élevée, son infatigable empressement, lui ont créé peut-être autant d'obligés que d'admirateurs. Le 24 mars 1852, à 52 ans, cette belle intelligence s'éteignait au milieu de son éclat même; et, enlevé presque subitement par la mort, M. Janvier gagnait sa tombe, suivi des plus grandes renommées de la science, de la politique et de la magistrature.

(Supplément à la Notice sur Angers).

LES ARDOISIÈRES D'ANGERS.

Les ardoisières d'Angers ont une trop grande réputation, non-seulement en France, mais encore à l'étranger, pour ne pas attirer l'attention des voyageurs qui s'arrêtent dans notre ville. Elles sont situées à environ cinq kilomètres d'Angers, sur un plateau d'un aspect fort triste, creusé en tous sens par la main de l'homme, n'offrant que gouffres béants ou pleins d'une eau verdâtre, que collines d'un bleu sombre, dépourvues de toute végétation. Aussi fuirait-on bien vite ces lieux désolés si l'on n'y était retenu par cet attrait qu'offrent toujours les merveilleuses applications de la science moderne.

Il y a bien longtemps qu'on se sert de l'ardoise d'Angers ; on la retrouve dans des édifices appartenant au VIe siècle, dans des tombeaux, des aqueducs remontant aussi à la plus haute antiquité ; elle ne servait encore que pour la construction ; jusqu'au Xe siècle, les édifices ayant probablement été recouverts en tuiles, à la manière romaine. Mais alors quelle différence dans l'exploitation? Dans l'origine, ce n'étaient que de simples fosses d'un diamètre et d'une profondeur équivalant à peine au dixième en étendue de nos carrières actuelles. L'ardoise était rude et d'un mauvais grain, le bon schiste ne se trouvant jamais à la surface du sol. Les travailleurs étaient même de simples laboureurs, profitant de l'interruption des travaux des champs pour extraire et tailler quelques ardoises grossières. Ces carrières primitives sont aujourd'hui complètement abandonnées.

Les carrières se divisent en deux catégories : celles à ciel ouvert et celles à galeries. Les carrières à ciel ouvert sont simplement d'immenses fosses, du fond desquelles des ouvriers tirent les ardoises que des *bassicots,* mis en mouvement par la vapeur, montent sur les buttes où elles sont séparées, polies et comptées. Parfois ces carrières atteignent une profondeur de 125 mètres. Du reste, pour en connaître la profondeur exacte, il suffit de regarder les nervures qui diaprent les parois ; l'espace qui sépare ces nervures, et que l'on nomme *foncée,* a dix pieds. On peut se mettre dans un bassicot et descendre ainsi jusqu'au fond de l'abîme; il n'y a aucun danger à courir dans ces voyages aériens qui causent toujours une certaine émotion à ceux qui les entreprennent.

La plupart des carrières sont ainsi exploitées à ciel ouvert. Nous citerons, entr'autres, la *Paperie,* les *Fresnais,* la *Gravelle,* le *Grand-Bouc,* le *Buisson,* etc., etc.

Le mode d'exploitation par galeries ou voies souterraines est plus nouveau et plus étonnant; la carrière des *Grands-Carreaux* est sans contredit la plus remarquable. Pour la visiter, vous descendez par d'étroits sentiers dans un vieux fond en partie comblé, puis vous passez sur une étroite passerelle, cramponnée au flanc perpendiculaire du rocher, qui en cet endroit domine votre tête de cent pieds et s'abaisse d'autant sous vos pas. Au bout de la passerelle, vous entrez par une petite ouverture dans un sombre corridor creusé dans le roc. Après quelques pas, l'espace s'ouvre tout-à-coup devant vous, et vous restez saisis à la vue d'un spectacle dont on ne peut donner une idée. Vous êtes sur une galerie, construite autour d'un souterrain dont la voûte touche à votre tête et qui n'a pas moins de 40 mètres de profondeur sur 60 de large. De cette hauteur, les flammes du gaz, semblables à des feux follets qui luisent au fond de l'abîme, empêchent, par un effet d'optique, d'apercevoir quoi que ce soit au-delà de leur cercle lumineux, et laissent l'esprit s'égarer dans des espaces imaginaires, où retentissent le bruit des marteaux mus par des bras invisibles et les détonations répétées des mines.

De ce balcon vous descendez par une échelle à pic à un autre étage, d'où on distingue les ouvriers travaillant à une grande distance au-dessous de vous; enfin, si l'on va plus bas encore, on arrive près d'eux, et on peut admirer leur adresse à faire jouer la mine comme à détacher l'ardoise.

Chaque année les ardoisières d'Angers fabriquent

150 millions d'ardoises, qui s'expédient jusqu'en Amérique. Elles sont généralement les plus renommées pour le grain et la taille.

Les ouvriers de carrière forment une population ayant ses habitudes, ses mœurs à part, très curieuse à étudier. Ils se divisent en trois classes qui, autrefois, ne se mêlaient presque jamais par le mariage. La moins notable est celle des journaliers, puis viennent les ouvriers qui détachent la pierre ou ouvriers d'*à-bas*.

Ces derniers composent une grande association ayant ses chefs, ses assemblées délibérantes, se divisant en compagnies plus ou moins nombreuses, dont chacune prend une quantité déterminée de rocher à fendre et à extraire, moyennant un certain prix débattu avec le régisseur, et qui est exactement partagé entre les ouvriers, proportionnellement au travail de chacun. Aussi n'est pas ouvrier d'*à-bas* qui veut. Il faut auparavant être initié dans la corporation, et soumis à une cérémonie toute symbolique, nommée le *guêtrage*. Les ouvriers d'*à-bas* qui refusent de s'y soumettre entrent dans la catégorie, beaucoup moins nombreuse, des *pigroliers*.

Les ouvriers qui fendent l'ardoise sur les buttes, sous des abris en chaume nommés *tue-vent*, formaient jadis une corporation plus compacte encore. Ils se transmettaient de père en fils l'art de tailler les ardoises, ne souffrant pas qu'un étranger vînt pénétrer dans leurs rangs. Mais cette aristocratie, comme toute les autres, a fini par perdre ses priviléges. D'ailleurs, le développement considérable que les machines à vapeur ont donné à l'extraction du chiste a nécessité un nombre bien plus grand d'ouvriers d'*à-haut*, ce qui a jeté une perturbation complète dans la corporation.

Du reste, sur les lieux mêmes, les étrangers pourront bien mieux se faire une idée de cette population, généralement honnête et religieuse.

Pour visiter les ardoisières dans tous leurs détails, il est utile de s'adresser d'abord au gérant de la Commission des ardoisières (rue du Cornet), qui donne toutes les facilités désirables.

LES PONTS-DE-CÉ.

Si, arrivé à Angers, vous demandez quelques renseignements sur ses environs, à coup sûr on vous indiquera en première ligne les Ponts-de-Cé. C'est là le lieu de prédilection des Angevins ; les dimanches, les jours de fête, ils s'y portent en foule ; et les autres jours vous ne verrez jamais circuler à vide les omnibus qui parcourent incessamment la magnifique route qui le sépare d'Angers.

Située à environ quatre kilomètres d'Angers, la ville des Ponts-de-Cé forme une longue rue de plus d'une demi-lieue, traversant, sur un magnifique pont nouvellement construit, le canal de l'Authion et trois larges bras de la Loire ; de ces ponts, on jouit assurément d'un des plus magnifiques spectacles qu'offre le cours de ce beau fleuve.

Depuis quelques années, la physionomie des Ponts-de-Cé a totalement changé. Ses beaux quartiers, si neufs, si bien bâtis, n'existaient pas. On ne trouvait que ces vieilles rues étroites et tortueuses qu'affectionnaient nos pères, bordées de hautes maisons en bois, toutes sculptées, aux pignons surplomblant la rue; pour traverser la Loire, il fallait passer sur de longues files de ponts à tabliers de bois, à arches en zig-zag, d'un effet des plus pittoresques, sinon toujours commodes.

Un volume ne suffirait pas à l'histoire de cette petite ville. Elle remonte bien loin, car, en démolissant le vieux pont Saint-Maurille, on a reconnu que quelques-unes de ses piles dataient de l'époque gallo-romaine; il est vrai que ces ponts ont été plusieurs fois démolis et reconstruits. C'est au IXe siècle que l'on rencontre la première mention qui ait été faite du château des Ponts-de-Cé, comme lieu important. A la prière de l'évêque d'Angers, Rainon, Alain le Grand, roi de Bretagne, et qui avait quelque autorité sur certaines parties de l'Anjou, donna l'antique abbaye de Saint-Serge à nos évêques, et cette donation s'effectua dans le château des Ponts-de-Cé, *in castro Seio*.

Le château dont il s'agit ici n'est pas celui que l'on voit aujourd'hui, bien que vraisemblablement l'emplacement ait été le même. Il fut évidemment rebâti au XVe siècle, ainsi que son architecture l'annonce.

A peine construit, il reçut en 1465 la visite d'un voyageur célèbre pour ce temps-là, Léon de Rosmital, noble Bohême, qui avait parcouru l'Allemagne et l'Angleterre, avec une suite de 40 personnes. D'après ses récits, ce château se trouvait alors loin de la rive, au milieu des eaux de la Loire, sur des arches et des piliers. L'excellent roi René y passa le mois de juillet de l'an 1468.

Quatre années plus tard, Louis XI, afin de surveiller les menées du duc de Bretagne, s'installe au château des Ponts-de-Cé, et là viennent des ambassadeurs de Bretagne, des nobles seigneurs du temps, tels que Philippe des Essarts, Guillaume de Soubs-Plenville.

Au XVIe siècle, ce château, le plus souvent résidence joyeuse de nos ducs, s'assombrit par suite de nos tristes guerres religieuses. Dès le commencement de l'année 1562, les calvinistes se rendent maîtres d'Angers; ils ne peuvent cependant s'emparer du château; et Desmarais, après une vaine tentative sur la tour du port de la Basse-Chaîne, court aux Ponts-de-Cé, désarme les habitants et prend leur château. Ceux-ci, revenus de leur surprise, font appel aux villages voisins, les calvinistes sont assiégés; une sortie maladroite compromet leur position, les deux partis pénètrent en même temps dans la forteresse pour s'y battre dans les escaliers, à tous les étages, de marche en marche. Desmarais lutte avec désespoir, mais, vains efforts; bientôt ce n'est plus un combat, c'est un véritable carnage; les corps des agresseurs, vaincus, volent par les fenêtres dans la Loire, et le fleuve étouffe dans ses tourbillons sinistres ceux que le fer a épargnés. Desmarais s'échappe avec quelques-uns des siens, et se réfugie dans le château de Rochefort.

Quelques années après, en 1589, lors du rapprochement de Henri III avec Henri de Navarre, il fut sérieusement question de céder le château des Ponts-de-Cé aux protestants, qui préférèrent celui de Saumur.

Au XVIIe siècle, le château des Ponts-de-Cé fut témoin d'autres combats. Après la chute du maréchal d'Ancre, ministre des affections de Marie de Médicis, le duc de Luynes prit le dessus dans les affaires de l'Etat. Ce dernier fut à son tour l'objet de la jalousie des grands, ayant à leur tête la reine mère. Par suite, il se forma deux partis, et la guerre civile suivit. Marie de Médicis habitait à Angers, dont le gouvernement lui avait été donné et où elle entretenait avec les mécontents le foyer de la discorde. Au mois d'août 1620, le roi pénétra en Anjou à la tête de ses troupes; le 7 août, on se batit aux Ponts-de-Cé; par suite d'un malentendu, cinq mille hommes de la reine prirent la fuite. Alors la diplomatie, ayant Richelieu à sa tête, intervint, tout se pacifia; le 8 août, le roi entra aux Ponts-de-Cé, et le 15, le roi et la reine opérèrent leur réconciliation au château de Brissac.

Avec la fin du XVIIIe siècle, les Ponts-de-Cé revoient leurs mauvais jours du XVIe; ils sont le théâtre d'un sanglant combat où les Vendéens sont vainqueurs. Plus tard, ils assistent aux scènes les plus hideuses de la Terreur. Seul passage entre l'Anjou et la Vendée, ils virent souvent de ces lugubres chaînes de prisonniers dévoués à la mort. Chose plus horrible encore, près de deux mille Vendéens furent fusillés dans l'île qui entoure le château. On jeta leurs corps dans la Loire;

le fleuve, très bas, ne put les entraîner, et ils restèrent quelques jours exposés sur les grèves avant qu'on les ensevelit dans des fosses profondes que l'on voit encore aujourd'hui.

Ces scènes horribles nous en rappellent une autre qui se passa aux mêmes lieux. Charles IX, alors à Angers, avait donné aux troupes royales qui étaient en Guyenne l'ordre de repasser la Loire. Strozzi, natif de Venise, mais Français par ses services, se rendant en Anjou à la tête de ses bandes, s'arrêta aux Ponts-de-Cé, et là ternit sa renommée par une détestable action : « Strozzi, dit Brantôme, voyant ses compagnies » embarrassées par trop de femmes de mauvaise vie » et ayant fait faire plusieurs bandons pour les chas- » ser, et voyant qu'ils n'en faisoient rien, ainsi qu'on » les passoit sur les Ponts-de-Cé, il en fit jeter pour » un coup du haut en bas plus de 800 pauvres créa- » tures qui piteusement criant à l'aide furent toutes » noyées par trop grande cruauté. »

Nous aimons mieux rappeler qu'aux Ponts-de-Cé encore eut lieu, en 1458, un grand combat entre Anglais et Français, qui tourna victorieusement à l'avantage de nos pères.

Tels sont les principaux faits qui signalèrent cette petite ville aujourd'hui toute calme, toute laborieuse. Nous ne devons pas oublier, en terminant, la juste renommée que s'est acquise la beauté de ses habitantes, appelées depuis longtemps déja les jolies Pont-de-Céiaises.

DÉTAILS STATISTIQUES.

EMPRUNTÉS AUX TRAVAUX DE M. BLORDIER-LANGLOIS.

Le département de Maine et Loire tire son nom des deux principales rivières qui l'arrosent, la Loire et la Mayenne, dont le nom se change en *Maine* à sa jonction avec la Sarthe, à deux kilomètres au-dessus d'Angers, jusqu'à son confluent avec la Loire, sept kilomètres au-dessous de cette ville. Il est formé de l'Anjou, moins La Flèche et Châteaugontier; il est compris entre 47° et 47° 50' latitude, et entre 2° 15' et 3° 55' longitude occidentale; il est borné au nord par les départements de la Mayenne et de la Sarthe; à l'est par celui d'Indre-et-Loire; au sud par les départements de la Vienne, des Deux-Sèvres et de la Vendée; à l'ouest par celui de la Loire-Inférieure; sa plus grande largeur de l'E. à l'O. est de 25 lieues; sa plus grande longueur du S. au N. de 21. Il se divise en cinq arrondissements communaux : de Segré, de Baugé, de Saumur, de Beaupreau et d'Angers, et se subdivise en 34 cantons et 376 communes; il fait partie de la 15e division militaire, chef-lieu Nantes; de la 23e Conservation des Eaux-et-Forêts, chef-lieu Rennes; son évêque, qui réside à Angers, est suffragant de l'archevêque de Tours.

La superficie totale du département de Maine et Loire est d'environ 712,000 hectares et sa population de 515,500 habitants.

BOIS.

La partie boisée forme le seizième du territoire; l'arrondissement de Segré est, sous ce rapport, le moins bien partagé. Nous citerons, comme masses les plus considérables, les forêts de Chambiers, de Monnoie et de Baugé, dans l'arrondissement de ce dernier nom; celles de Fontevrault et de Brignon, dans celui de Saumur; celles de la Foucaudière, de Leppo et de Longeron, de Breil et de Lambert, dans celui de Beaupreau; celle de Vezins, commune à ces deux arrondissements; enfin celles de Longuenée et d'Ombrée, dans celui de Segré.

RIVIÈRES.

Le département est traversé par un fleuve magnifique, la Loire. Il est arrosé ensuite par un nombre considérable de rivières plus ou moins importantes dont les principales sont : la Sèvre Nantaise et la Divatte qui lui servent de limites au S.-O,; puis la Mayenne, le Loir, la Sarthe, le Thouet, l'Authion, le Latan, le Couesnon, l'Oudon, la Verzée, l'Argos, l'Erdre, l'Aubance, l'Irôme, le Layon, l'Evre et la Moine.

EAUX MINÉRALES.

Les plus renommées sont celles de Martigné-Briant, canton de Doué. Il y en a d'autres aux environs de Luigné, canton de Thouarcé, et à Epervières, près Angers; ces dernières ont une certaine réputation.

PRODUCTIONS PRINCIPALES.

La partie appelée *Vallée de Beaufort*, sur la rive droite de la Loire, entre Angers et Saumur, est très fertile, et produit en abondance du froment, du chanvre, des fruits. Le seigle se cultive surtout dans les environs de Durtal ; l'arrondissement de Segré fournit aussi beaucoup de grains : le département donne en productions de ce genre, beaucoup plus que sa consommation. Le lin du canton de Cholet est estimé. Il se recueille d'excellents légumes, surtout aux environs de Saumur et d'Angers; plusieurs contrées donnent des pommes dont on fait un excellent cidre, et des noix dont on extrait une grande quantité d'huile. Sur la rive gauche de la Loire, depuis Saumur jusqu'à Saint-Maur, il se fait un commerce assez considérable de fruits, et principalement de prunes cuites de Sainte-Catherine. Les vins d'Anjou sont bons en général; on distingue entr'autres ceux des coteaux de Saumur, les vins rouges de Champigny-le-Sec, de Bourgueil, d'Allonnes; les vins blancs de Bonneseaux, de Faye, de Beaulieu, de Rochefort, et, sur la rive droite de la Loire, ceux d'Épiré, de la Coulée de Serrant, de la Possonnière, de l'Alleu, de la Roussellière.

On compte plantés en vignes plus de 30,000 hectares, donnant années moyennes 270,600 hectolitres, dont une grande partie est livrée à l'exportation ou convertie en eaux-de-vie.

TABLE.

ERRATA.

Page 42, 2e ligne de l'alinéa : au lieu de mourut le 28 février 1452, *lisez* le 28 février 1453.

Page 43, 9e ligne : au lieu de septembre 1445, *lisez* septembre 1455.

www.ingramcontent.com/pod-product-compliance
Ingram Content Group UK Ltd.
Pitfield, Milton Keynes, MK11 3LW, UK
UKHW020951230726
13923UKWH00007B/243